LE CITOYEN RESPONSABLE.
L'ÉTHIQUE DE L'ENGAGEMENT SOCIAL
d'Henri Lamoureux
est le cinq cent soixante-septième ouvrage
publié chez
VLB éditeur
et le septième de la collection
«Partis pris actuels».

VLB éditeur bénéficie du soutien de la Société de développement des entreprises culturelles du Québec (SODEC) pour son programme d'édition.

Nous reconnaissons l'aide financière du gouvernement du Canada par l'entremise du Programme d'aide au développement de l'industrie de l'édition (PADIÉ) pour nos activités d'édition.

Nous remercions le Conseil des Arts du Canada de l'aide accordée à notre programme de publication.

LE CITOYEN RESPONSABLE.
L'ÉTHIQUE DE L'ENGAGEMENT SOCIAL

du même auteur

Le grand départ, roman, Montréal, XYZ, 1993.
L'intervention sociale collective: une éthique de la solidarité, essai, Sutton, Le Pommier éditeur, 1991.
L'éthique: une nouvelle règle administrative, collectif, essai, Cahiers de recherche éthique, Montréal, Fides, 1988.
Oser. Quand des femmes passent à l'action, récit, en collaboration avec le collectif d'écriture du Centre Femmes des Cantons, Cowansville, Collective Par et pour elles, éditrice, 1987.
L'intervention communautaire, essai, en collaboration avec Jean Panet-Raymond et Robert Mayer, Montréal, Éditions Saint-Martin, 1984.
Le fils du sorcier, roman, Montréal, Éditions Paulines, 1982.
Les contes de la forêt, contes, Montréal, Éditions Paulines, 1981.
Les meilleurs d'entre nous, roman, Montréal, Éditions du Jour, 1981.
L'affrontement, roman, Montréal, Éditions du Jour, 1980; Montréal, XYZ et Typo, 1995.
Le passé intérieur, roman, Montréal, VLB éditeur, 1998.
Les dérives de la démocratie: questions à la société civile québécoise, essai, Montréal, VLB éditeur, 1999.

Textes radiophoniques
La voie du salut, nouvelle lue par François Rosay, musique originale de Walter Boudreault, Montréal, Radio-Canada, 1983.
Le chien et *Une sale journée dans la vie d'un honnête homme*, nouvelles lues par Ronald Trempe, Montréal, Radio-Canada, 1982.

Traduction
Community Action, en collaboration avec Jean Panet-Raymond et Robert Mayer, Montréal, Black Rose Books, 1989.

Henri Lamoureux

Le citoyen responsable

L'éthique de l'engagement social

vlb éditeur

VLB ÉDITEUR
Une division du groupe Ville-Marie Littérature
1010, rue de La Gauchetière Est
Montréal, Québec H2L 2N5
Tél.: (514) 523-1182
Téléc.: (514) 282-7530
Courriel: vml@sogides.com

Maquette de la couverture: Nancy Desrosiers
Illustration de la couverture: John Labbé / Image Bank

Données de catalogage avant publication (Canada)
Lamoureux, Henri, 1942-
Le citoyen responsable: éthique de l'engagement social
ISBN 2-89005-642-2
1. Participation sociale - Aspect moral.   2. Morale sociale.
3. Action sociale - Aspect moral.   I. Titre.
HM216.L352 1996   302'.14   C96-940916-8

DISTRIBUTEURS EXCLUSIFS:

• Pour le Québec, le Canada et les États-Unis:
LES MESSAGERIES ADP*
955, rue Amherst, Montréal, Québec H2L 3K4
Tél.: (514) 523-1182
Téléc.: (514) 939-0406
* Filiale de Sogides ltée

• Pour la France:
D.E.Q.
30, rue Gay-Lussac, 75005 Paris
Tél.: 01 43 54 49 02
Téléc.: 01 43 54 39 15
Courriel: liquebec@cybercable.fr

• Pour la Suisse:
TRANSAT S.A.
4 Ter, route des Jeunes
C.P. 1210, 1211 Genève 26
Tél.: (41-22) 342-77-40
Téléc.: (41-22) 343-46-46

Pour en savoir davantage sur nos publications,
visitez notre site: **www.edvlb.com**
Autres sites à visiter: www.edhomme.com • www.edjour.com • www.edtypo.com
www.edhexagone.com • www.edutilis.com

Dépôt légal: 3e trimestre 1996
Bibliothèque nationale du Québec
Bibliothèque nationale du Canada

Je tiens à remercier très chaleureusement les personnes suivantes qui ont lu le premier jet de cet essai et m'ont suggéré de très judicieuses corrections: Andrée Ferretti, militante et écrivaine, Pierre Valois, formateur au Centre de formation populaire, Louis Roy, politologue, Carole Gadouas, coordonnatrice de l'Association coopérative d'économie familiale du Haut-Saint-Laurent, Clément Mercier, directeur du département de travail social à l'Université de Sherbrooke, Pierre Graveline, éditeur, Nicole Côté, avocate, militante féministe et artiste.

Ce livre est dédié à ceux et celles qui m'ont appris l'importance de la révolte. Ils sont nombreux.

Tout nous accroît. Tout nous profite.
Il me semble pourtant, mon frère, que
nous prospérons trop sur la misère des
temps.

ROBERT MERLE,
Fortune de France

Tant qu'un être peut en forcer un
autre à s'incliner devant lui parce
qu'il a le pouvoir de détruire sa personne, tout ce qu'il possède et tout ce
qu'il aime, nous devons tous avoir
peur collectivement.

ORSON SCOTT CARD,
Xénocide

Introduction

La nécessité du sens

Nous vivons une période marquée par de profonds changements économiques, politiques, scientifiques, industriels, sociaux et culturels. Parmi ces changements, la transformation du rôle de l'État dans les sociétés modernes en est un qui est lourd de conséquences. Il en découle nécessairement d'importantes remises en question affectant notre cohérence éthique. Ainsi, dans le contexte actuel, les individus et les groupes sociaux sont de plus en plus sollicités pour répondre à des besoins que l'État ne peut plus satisfaire, ou auxquels il prétend ne pouvoir répondre qu'en partie. La responsabilité du citoyen est donc engagée dans la structuration de nouveaux rapports sociaux fondés sur des exigences de solidarité collective et de respect des personnes.

Avec ce livre, j'entends aborder certains aspects de la dimension éthique de l'engagement social et communautaire en m'appuyant sur la réalité québécoise. Non que le Québec soit si différent, sur le plan éthique, des autres sociétés industrialisées, mais il possède des traits spécifiques qui lui font actualiser les valeurs qu'il partage avec les autres collectivités humaines d'une façon qui lui est propre.

Je postule que les diverses formes d'engagement sociocommunautaire que j'aborde dans ce livre correspondent, plus ou moins implicitement, à une recherche de cohérence éthique qui vise à donner du sens aux valeurs auxquelles nous adhérons individuellement et collectivement.

Cette recherche de cohérence éthique est d'autant plus importante qu'elle s'inscrit dans un contexte de coupes sombres pratiquées dans les programmes sociaux et à un moment où les ressources étatiques sont redéployées en fonction de nouvelles priorités. Elle conduit à une réflexion concernant notamment la réévaluation du sens du travail et du partage de l'emploi disponible, l'équité fiscale, les exigences concrètes de la solidarité dans une société qui s'appauvrit et se morcelle en groupes ayant chacun ses besoins propres et l'esprit de tolérance dans un contexte pluriethnique, particulièrement en milieu urbain. Nos choix sociaux sont également remis en question, de même que plusieurs des acquis que nous avions cru assurés.

Les problèmes éthiques que nous avons à résoudre, en cette fin de millénaire, sont d'une ampleur exceptionnelle. En effet, et bien qu'à ce moment de son histoire l'être humain ait atteint un degré de qualification sans précédent dans l'art de devenir sujet, il peut être soumis à des manipulations, à des transformations qui menacent son intégrité physique et psychologique.

Parlant de l'époque que nous traversons, l'intellectuel américain Peter F. Druckner, père du management moderne, estime que les changements en cours dépassent le simple changement social: ils modifient substantiellement la condition humaine. Qui défendra le bien commun quand les institutions poursuivent chacune leur propre mission? Qui, en effet, si ce ne sont les femmes et les hommes qui choisissent librement de s'engager socialement et qui proposent à leur communauté des mesures novatrices répondant aux besoins du moment.

Le crépuscule d'une époque

Les problèmes qui se posent à nos sociétés sont multiples, complexes et parfois effrayants. Tout se passe comme si nous grandissions trop vite, comme si nous n'étions pas préparés à assumer les conséquences de nos actes. Nous sommes pris de vertige devant les perspectives nouvelles qui s'ouvrent devant nous à la suite des multiples progrès réalisés dans des domaines comme la génétique et les biotechnologies, les technologies de l'information, la médecine, le contrôle du comportement, etc.

Sur le plan géopolitique, la carte du monde a été passablement remaniée conséquemment à l'effondrement de l'empire soviétique. Les guerres civiles au Liban et en Yougoslavie, l'aventure irakienne et les nombreux foyers d'instabilité en Afrique et en Amérique du Sud nous rappellent la fragilité de la paix. L'épouvantable génocide planifié au Rwanda et l'entreprise de purification ethnique en Bosnie nous enseignent enfin que nous sommes toujours capables du pire.

On assiste par ailleurs à l'affirmation de plusieurs sociétés qui désirent démocratiquement se tailler une place dans le concert des nations: c'est notamment le cas du Québec. Certains peuples, comme les Tchèques et les Slovaques, ont accédé à la souveraineté à la suite d'un effort de négociation. D'autres, comme les Palestiniens, ont choisi l'avenue du dialogue après avoir emprunté le sentier de la guerre. Cette volonté d'affirmation nationale n'est dirigée contre personne. Elle correspond à un désir normal des peuples d'assumer leur destin et de se donner les moyens d'un développement en accord avec leur spécificité.

Sur le plan économique, l'établissement de nouvelles alliances et la constitution de nouveaux ensembles économiques continentaux régis par des traités, comme l'ALENA, posent autant de problèmes qu'ils suscitent d'espoirs. La mondialisation de l'économie, la concentration et la circulation des capitaux à l'ère de l'informatique, la révolution dans les méthodes de production, l'apparition de nouvelles puissances économiques et le maintien d'un chômage structurel très important sont autant d'éléments qui viennent littéralement révolutionner l'organisation des sociétés. Je pourrais également ajouter que l'essor d'une économie parallèle, clandestine et puissante, fondée sur le crime organisé, notamment les trafics de la drogue et des armes, bouscule des équilibres et pervertit la logique d'un développement économique reposant sur la production de biens et de services destinés à un marché de consommation de masse.

Le libéralisme triomphant s'affirme comme l'idéologie finale alors que les socialismes, après l'effondrement du communisme et les scandales qui ont frappé bon nombre de gouvernements dits de gauche, tentent de redéfinir leur vision d'une organisation de la société privilégiant la justice et le partage équitable des ressources et de la richesse entre les individus et les nations.

Il apparaît aussi bien évident que notre planète est vraiment devenue un «village global». Les énormes moyens de communication permettent aujourd'hui d'en rejoindre tous les habitants, favorisant ainsi non seulement la diffusion de l'information et de la connaissance, mais aussi la désinformation, la propagande et une certaine culture du mensonge planifié. En outre, les *mass media*, l'aménagement rapide des inforoutes, le développement fulgurant d'une culture du spectaculaire largement dirigée par quelques entreprises géantes et l'acceptation universelle de l'anglais comme langue d'usage planétaire contribuent au rayonnement d'un impérialisme culturel dominé par les Américains.

En ce qui concerne les équilibres sociaux, l'appauvrissement et l'exclusion sociale d'une très importante partie de la population revêtent un caractère dramatique dans plusieurs pays industrialisés comme l'Allemagne, la France, la Belgique, l'Espagne, le Canada et l'Angleterre. Ainsi, au Québec, on dénombrait 820 000 prestataires de l'aide sociale au début de 1996; au même moment, plus de 400 000 individus étaient officiellement reconnus chômeurs, un nombre qui, compte tenu de la méthode statistique utilisée, est très certainement en deçà de la vérité. Ajoutons que des centaines de milliers de Québécois travaillent au salaire minimum et vivotent d'un petit boulot à l'autre, ce qui, très souvent, signifie une pauvreté plus grande encore que le chômage ou l'aide sociale.

Une partie très importante de la population adulte vit donc une situation dont la précarité va s'accentuant. D'un autre côté, la délinquance et la criminalité progressent très rapidement, particulièrement en milieu urbain. La violence s'installe comme un fait de société. L'itinérance est le lot d'un nombre croissant de nos compatriotes. La consommation des drogues dures contribue à la dégénérescence des individus et de l'environnement humain. De nouvelles maladies ont pris un caractère endémique. Certaines, particulièrement le sida, hantent la planète entière et rappellent les grandes épidémies du Moyen Âge. À lui seul, le sida mobilise des armées de chercheurs qui travaillent sans relâche au décryptage de ce monstrueux virus. Une légion d'intervenants sociaux s'activent partout dans le monde pour soutenir les personnes atteintes de cette maladie. Des millions de familles sont touchées.

Les catastrophes écologiques comme celles de Bhopāl et de Tchernobyl et la dégradation de la couche d'ozone ne sont que la pointe de l'iceberg d'une pollution qui mine inexorablement la qualité de la vie sur terre, dans les mers et dans l'atmosphère.

Ces quelques rappels illustrent l'ampleur et l'accroissement soutenu d'une pauvreté, d'une misère que n'annonçaient pas le discours triomphaliste de ceux qui ont perverti l'idéal socialiste ni celui des ayatollahs d'un développement des sociétés fondé sur les «règles du marché». On voit mieux désormais le bien-fondé de l'affirmation du philosophe allemand Hans Jonas selon qui notre responsabilité est aujourd'hui engagée non seulement à l'égard de ceux qui nous sont proches, mais aussi envers l'ensemble de l'humanité, incluant même les générations à venir.

Nous avons hérité d'un monde merveilleux, riche de potentialités. En l'espace de quelques générations, nous en avons rompu le fragile équilibre. Inconscients de l'importance de notre responsabilité envers notre espèce et l'environnement qui assure son existence, inconscients aussi de notre responsabilité envers ceux que nous mettons au monde, nous vivons comme des enfants gâtés et ne réussissons pas à réaliser l'adéquation entre nos conduites et l'idée que nous nous faisons de notre humanité.

Quand, il y a plus de trente ans, j'ai commencé à m'impliquer dans les organismes communautaires et syndicaux ainsi que dans certains mouvements politiques, j'étais convaincu — et je le suis encore — que les personnes étaient capables, si on leur en fournissait les moyens, de s'occuper du développement de leur communauté. Je ne me faisais alors aucune illusion sur la nature de l'homme et n'en ai pas plus aujourd'hui. Ni fondamentalement bon comme le prétendait Rousseau ni foncièrement mauvais comme le laissait croire Nietzsche, l'être humain m'a toujours paru, semblable à moi-même, capable du meilleur et du pire. J'ai cependant toujours cru que les rapports humains devaient s'établir à partir d'un appel à ce que nous avons de meilleur, en vertu de tout ce qui peut nous unir, de ce que nous partageons d'important.

Ce projet, cet idéal nous impose de reconnaître les valeurs à la source de notre commune humanité et de construire avec ce mortier. Il devient alors plus facile de comprendre le sens que nous donnons collectivement à ces valeurs. Il est alors possible de déterminer dans quels champs il faut intervenir pour rétablir les équilibres éthiques menacés ou détruits.

L'enjeu de l'engagement social, c'est de redonner sa place au citoyen, d'établir sa prééminence à titre de bâtisseur de société, d'affirmer sa souveraineté afin qu'il puisse assumer sa responsabilité. L'implication des citoyens dans l'édification de la cité permet l'essentielle médiation politique entre les institutions de la société civile et l'État.

L'engagement social et les pratiques d'intervention communautaire sont le produit de cette nécessaire vigilance sans laquelle, comme le souligne Fernand Dumont, la liberté serait souvent fort mal en point, et, ajouterais-je, notre incohérence éthique encore plus grande.

Ma pratique militante, ma réflexion d'éthicien, le rapport que j'entretiens avec des milieux où s'exprime la volonté d'agir avec et sur la communauté me rappellent constamment qu'en fait l'enjeu de l'engagement social est double. D'une part, il s'agit d'assurer l'expression et l'élargissement d'un espace démocratique qui n'est jamais garanti. D'autre part, il s'agit de donner du sens à une société qui serait fondée sur la reconnaissance d'un ensemble de droits qui concrétisent nos valeurs humaines et sociales les plus significatives. Cependant, je sais que, dans une société de type libéral comme la nôtre, ces droits, cette liberté, la démocratie gagnent ou perdent du sens par notre manière de les actualiser*.

C'est là toute la signification de l'engagement social. Saurait-il en avoir d'autres? Dans les faits, l'implication des individus dans la construction de la cité permet d'atteindre ce qui m'apparaît une vérité pre-

---

* J'emploie le terme «actualiser» dans le sens de «faire vivre une valeur en tenant compte du contexte particulier dans lequel elle évolue». J'emploie le terme «normaliser» pour exprimer l'idée qu'une valeur ne prend vraiment son sens que par les normes qu'elle fait naître. Ainsi, la valeur de liberté prend un sens particulier selon qu'elle s'affirme par la démocratie ou la dictature. L'équité se normalise dans des programmes sociaux et une politique fiscale qui s'actualiseront au fil du développement d'une société.

mière: *l'humanité que l'on s'attribue est réductible à celle que l'on reconnaît à l'autre.*

De ce postulat découle la nécessité de s'assurer que, dans les faits, notre commune humanité s'exprime de façon cohérente dans les rapports de tous ordres que les êtres humains entretiennent entre eux. Faut-il chercher plus loin ce qui justifie les luttes féministes, le militantisme syndical et l'action menée par un grand nombre de personnes engagées dans les groupes populaires et les organisations communautaires, ici comme ailleurs?

Dans le cadre de mes activités, j'ai collaboré avec beaucoup de personnes et en ai rencontré plus encore qui souhaitaient toutes être des citoyens actifs et responsables, bien que le prix de cet engagement soit parfois élevé: nombreuses réunions, vie familiale perturbée, précarité des ressources matérielles, insécurité, conditions de travail difficiles, quelquefois même ostracisme social et harcèlement policier.

J'ai aussi pu constater combien la quête de sens, la recherche de cohérence et un sentiment diffus d'une commune humanité en construction constante constituent des préoccupations centrales chez un très grand nombre de personnes.

En fait, c'est dans ce rapport aux autres que je me suis instruit de cette idée développée par de nombreux philosophes au cours des âges que rappelle Hans Jonas: «L'homme est le créateur de sa vie en tant que vie humaine; il plie les circonstances à son vouloir et à son besoin et, sauf contre la mort, il n'est jamais dépourvu de ressources[1].»

Cette capacité d'agir nous oblige donc à comprendre que, bien avant de revendiquer certains droits avec raison, nous devons nous sentir responsables non seulement du sort de nos contemporains, mais aussi des conditions de vie qui seront celles des générations qui nous suivront.

Je dois beaucoup aux personnes avec qui j'ai eu l'honneur et souvent le plaisir de m'associer dans différentes activités sociales et communautaires. Une des façons de m'acquitter de cette dette est d'écrire. Plusieurs m'ont fait part de leurs inquiétudes face à l'engagement social tel qu'il se pratique en certains milieux. D'autres m'ont exprimé leurs doutes quant à l'orientation prise par certains organismes et regroupements communautaires. Il m'a donc semblé utile de produire cet essai qui se veut une contribution à la compréhension de l'éthique de l'engagement social, particulièrement dans les organismes que l'on qualifie aujourd'hui de «communautaires autonomes».

Il y a urgence à réfléchir sérieusement sur le sens même des pratiques sociales. Dans le contexte actuel, il me semble de plus en plus que la misère humaine devient, ou risque de devenir, une industrie. Je me demande parfois si cette misère n'est pas inconsciemment banalisée par plusieurs de ceux qui en tirent profit. Peut-on imaginer une humanité où la pauvreté, l'exclusion sociale, la violence, la maladie, l'iniquité, l'inégalité en droit seraient considérées comme des faits sociaux acceptables et «gérables», voire générateurs d'emplois?

Tout en sachant que la maladie et les difficultés de la vie quotidienne sont des réalités incontournables, toute personne qui se réclame de l'espèce humaine ne peut accepter comme une fatalité l'existence d'une fraction de l'humanité dont la qualité de vie dépendrait de l'exploitation de la misère des autres.

Pourtant, il me semble bien que s'accélère un certain glissement en cette direction, glissement dont l'approche clientéliste des problématiques sociales n'est qu'un aspect.

Or les différentes formes d'engagement social, qu'elles s'inscrivent dans les milieux institutionnels ou qu'elles soient le fait d'organismes communautaires plus ou moins autonomes, ne sauraient se limiter à n'être que des pratiques de gestion de l'intolérable. Elles ne sauraient, sans se dénaturer dramatiquement, s'insérer dans une logique d'industrie de la misère humaine.

Ce livre vise à le rappeler.

CHAPITRE PREMIER

À propos de l'éthique

Qu'est-ce que l'éthique?

Comme je l'ai souligné à quelques reprises dans d'autres textes[1], les intervenants sociaux ont longtemps boudé la référence éthique. Certains la boudent encore, ignorant ce qu'elle implique, la confondant avec un moralisme qu'ils récusent, souvent avec raison. D'autres la réduisent à quelques impératifs déontologiques propres à l'exercice de leur profession, impératifs qui sont par ailleurs parfois transgressés, parce que la sanction qui devrait en garantir le respect est dérisoire ou parce qu'il faut occasionnellement transgresser la norme pour affirmer la valeur. D'autres, enfin, définissent doctement et lapidairement l'éthique comme «la science des valeurs».

Il me semble donc important de préciser immédiatement ma définition de l'éthique: l'éthique est la dynamique par laquelle les personnes et les sociétés apprennent à conjuguer la réalité du quotidien avec les valeurs qui fondent la dignité humaine. Aborder un sujet dans une perspective éthique revient donc à vérifier le degré de cohérence axiologique qu'il possède et qu'il produit. L'éthique, c'est aussi l'art de devenir sujet, c'est-à-dire d'exprimer notre capacité de conjuguer les exigences de la liberté avec celles de la nécessaire réciprocité qui marque nos rapports avec les autres êtres humains.

L'éthique se construit dans le rapport à l'autre. Expression de la liberté, l'éthique porte aussi une exigence de responsabilité personnelle. Pour que l'éthique se manifeste, il faut en effet accepter de ne pas diluer sa propre responsabilité dans le grand tout un peu hypocrite de la responsabilité collective. Est-ce donc dire qu'il n'y a pas de responsabilité collective et que, comme le suggèrent les tenants de l'idéologie libérale, chacun est l'artisan de son sort? Absolument pas! Ce que j'affirme, c'est que nulle éthique collective ne peut s'imposer contre celle des individus. En dernière instance, il appartient à l'individu de trancher, de choisir. Et c'est précisément cette trajectoire éthique que proposent les diverses formes d'engagement social et communautaire: une éthique de sujets, fondée sur l'engagement librement consenti de personnes qui comprennent à des degrés divers que l'humanité de l'un est réductible à celle qui est reconnue aux autres.

La réflexion éthique devrait conduire l'individu à faire des choix qui soient conformes aux valeurs auxquelles il adhère. Comme nous le verrons plus loin, ce n'est pas une opération facile. La conséquence d'un choix, c'est le renoncement. Un proverbe populaire qu'aime citer l'ancien premier ministre du Québec, Jacques Parizeau, dit «qu'on ne peut avoir à la fois le beurre et l'argent du beurre». Nous avons trop longtemps boudé cette conséquence de nos choix, tenant pour définitifs des acquis que nous aurions dû savoir précaires. Un certain libéralisme nous laissait croire à l'enrichissement constant et dissimulait certains faits pourtant incontestables, par exemple que les ressources naturelles dont nous disposons sont limitées et qu'en plus il faut savoir les partager avec un nombre croissant d'individus.

La réflexion éthique nous conduit donc à déterminer comment nous pouvons être en phase avec les valeurs que nous prétendons privilégier, dans un univers caractérisé par le changement constant.

En effet, l'éthique d'une collectivité n'est pas une réalité statique, immuable, figée pour l'éternité. Dans les faits, rien ne nous autorise à dire que l'histoire de l'humanité est celle d'une liquidation progressive des injustices. Une lecture le moindrement attentive de l'actualité devrait facilement nous en convaincre. La réalité, c'est que si certaines formes d'injustice et d'incohérence éthique disparaissent, c'est que le consensus sur lequel elles se fondaient s'éteint. Par ailleurs, d'autres formes d'injustice peuvent apparaître quand un nouveau consensus s'établit. Ainsi la consolidation d'un important chômage structurel et la privation d'un emploi régulier pour un nombre croissant d'individus pourraient-elles donner lieu à un consensus implicite et conduire à de nouvelles formes d'injustice. Dans le même ordre d'idée, il serait aussi possible que la redistribution des ressources dans les domaines de la santé, des services sociaux et de l'éducation favorise l'affaiblissement de valeurs sociales auxquelles nous tenons, comme l'accessibilité et l'universalité des services publics.

Cette réalité rend importantes les différentes formes d'engagement social que pratiquent un nombre significatif de personnes. Porteur d'espoir, l'engagement social procède aussi d'une quête éthique de cohérence et vise à atténuer certains effets pervers de l'action humaine. Travail de Sisyphe qui est la condition de notre humanité. J'y reviendrai.

Si l'éthique est l'expression d'une expérience de la liberté, c'est aussi un lieu de dialogue. Et ce dialogue entre des sujets libres et autonomes s'appuie sur une présence réelle à l'autre, sur la reconnaissance de son inaltérable différence et sur celle, non moins importante, de son équivalence. On ne saurait parler d'éthique en dehors de ce dialogue constant entre des personnes qui tentent de construire des rapports sociaux à partir de cette intuition fondamentale qu'est l'idée de notre commune humanité.

Éthique, morale et déontologie

Nous venons de le voir, l'éthique se rapporte à l'univers du sens, de la signifiance, de la cohérence en matière de comportements humains et de choix personnels et sociaux.

Souvent, la dimension éthique de l'action humaine est réduite à certaines de ses expressions. Ainsi, on parlera de codes d'éthique pour renvoyer à la déontologie et on répondra par des impératifs moraux à des problématiques dont la complexité dépasse le strict plan de l'univers normatif.

À cet égard, nous devons reconnaître que la langue pose problème. Ainsi, les francophones confondent souvent les termes «éthique» et «morale», donnant au dernier le sens que j'accorde au premier. La «confusion» est tout à fait normale puisque le dictionnaire définit l'éthique comme «la science de la morale».

La langue anglaise entretient sensiblement la même confusion, *ethic* étant apprêté à toutes les sauces. Le terme va même jusqu'à qualifier des institutions financières qui font preuve d'un minimum de sens moral en matière d'investissement. Notons toutefois que les regroupements de la droite américaine prétendent être la *moral majority*, comme s'ils comprenaient que ce qui les unit est un compromis normatif qui donne un sens particulier aux valeurs de la société américaine. Cette dite *moral majority* exprime aussi une volonté commune de sanctionner ceux qui transgressent sa conception de la morale. Ainsi, elle niera les droits des personnes homosexuelles, exigera des coupes sombres dans les programmes sociaux, notamment dans l'aide financière accordée aux jeunes mères célibataires sans emploi, et récusera impitoyablement le droit des femmes à l'interruption d'une grossesse non désirée.

Une telle confusion des mots témoigne d'une confusion des genres. Dans ce contexte, il peut s'avérer utile d'expliciter les deux termes qui touchent la réalité éthique: morale et déontologie.

La morale

Dans le langage courant, les termes «éthique» et «morale» sont synonymes. Toutefois, le terme «morale» est de moins en moins employé de façon générique pour désigner «la sagesse des sociétés», car il renvoie à un univers de prescriptions auquel de nombreuses personnes sont réfractaires. En outre, comme l'avancent un nombre croissant d'auteurs, les deux termes recouvrent des réalités différentes.

Je suis assez d'accord avec ceux qui suggèrent que la morale relève essentiellement du normatif, c'est-à-dire de la règle, de la loi, de la mode, de la coutume, du code, alors que l'éthique, comme je l'ai déjà indiqué, nous invite à assumer notre liberté et à apprécier la cohérence de cet univers normatif par rapport aux valeurs que nous tenons pour essentielles.

Ainsi, la morale est la mise en œuvre d'une éthique dans un contexte social, culturel, politique et historique particulier.

La morale est conséquemment plus aléatoire que l'éthique et plus susceptible de suivre un parcours très sinueux. En outre, elle n'est pas fixée une fois pour toutes, et la morale qui prévaut aujourd'hui n'est pas nécessairement celle qui dominera demain. La littérature et l'histoire fournissent à cet égard des renseignements fort éclairants. La morale évolue donc au gré des changements qui affectent les sociétés. Elle s'exprime différemment selon l'âge, la classe sociale, les cultures et les civilisations. Les morales sont à l'origine de beaucoup de conflits et leur pluralité oblige à un dialogue qui favorise la mise au jour de traits éthiques partagés par des personnes et des sociétés parfois fort différentes. Comment, autrement, des personnes éduquées dans la religion catholique pourraient-elles apprécier celles qui le sont dans l'islam, le judaïsme ou le bouddhisme?

Si la référence éthique nous est essentielle, la référence morale nous est indispensable. Elle permet de donner un sens à l'action, de concrétiser nos prétentions axiologiques, c'est-à-dire cet ensemble de valeurs qui fondent notre vouloir-vivre collectif.

Bien sûr, la morale nous rebutera toujours un peu puisqu'elle nous impose un ensemble de normes qui valaient hier, mais qui sont aujourd'hui désuètes ou inadéquates. Dois-je dénigrer mon père ou mon voisin sous prétexte qu'ils prônent un art de vivre différent du mien? Dois-je, moi qui suis quinquagénaire, récuser la validité de la morale sexuelle de ma fille sous prétexte que ce n'est pas la mienne? Dois-je, moi qui suis occidental, me gausser de la façon de faire africaine et prétendre que l'américaine est meilleure?

Si je peux interroger l'autre, ce n'est pas pour lui imposer ma manière de faire, mais pour la lui proposer et accepter par la même occasion de la soumettre à son évaluation. Peut-être aurai-je été convaincu, au terme de cette opération, que les raisons de l'autre sont aussi bonnes que les miennes. Peut-être même devrai-je avouer qu'elles sont meilleures. La morale engendre des obligations importantes pour les uns mais non pour les autres. Ainsi, la civilité, le respect, la tolérance, l'équité, la justice, la solidarité s'expriment, perdent ou gagnent du sens par leur passage au tamis de la morale.

Les morales doivent donc apprendre à cohabiter, ce qui ne signifie pas qu'il faille les tenir toutes pour équivalentes et les accepter sans rouspéter, voire sans les combattre. Il faut cependant y mettre les formes et, en cette matière comme en d'autres, chercher, pour reprendre les mots de Jean-François Malherbes, directeur du Centre de bioéthique de la faculté de médecine de l'Université catholique de Louvain, quel est le meilleur chemin. La morale est un lieu d'affrontement constant. Pourquoi ne serait-ce pas aussi un lieu de progrès humain?

Le tableau qui suit s'inspire d'une réflexion proposée par Pierre Fortin, professeur à l'Université du Québec à Rimouski. Il résume ce qui distingue la morale de l'éthique.

Tableau I. La morale et l'éthique

Morale	Éthique
Affirme une distinction entre le bien et le mal	Critique de cette distinction
Suscite un devoir	Recherche des fondements de l'obligation
Impose des règles	Apprécie les règles
Propose un art de vivre et une cohérence entre l'affirmation de valeurs et leur mode de réalisation	

La déontologie

Les codes de déontologie apparaissent comme une réponse spécifique à l'obligation imposée à un groupe de professionnels, ou ressentie par eux, de baliser leur pratique en la normalisant, de manière à en assurer une certaine intégrité.

Selon Georges Legault, de l'Université de Sherbrooke, la nature des codes de déontologie est ambiguë «car ceux-ci participent à la fois à une rationalité juridique et à une rationalité éthique[2]».

Les codes de déontologie sont généralement liés à l'exercice d'une profession; avocat, médecin, policier, infirmière, journaliste, travailleur social. Ces codes fixent un ensemble de règles, de normes, de comportements, de qualifications et servent de cadre à l'exercice de certaines activités professionnelles. Le recours de plus en plus important aux ressources communautaires pour la prestation de certains services suggère à plusieurs l'idée que ces organismes se dotent également de codes de déontologie.

Sur la base de la mission et des objectifs d'un organisme communautaire, et en fonction des valeurs partagées par les membres du groupe, ce code encadrerait notamment le rapport des salariés avec les bénévoles et des intervenants sociaux avec la population. Il préciserait la responsabilité morale des membres du groupe à l'égard de celui-ci et à l'égard de la communauté. Il pourrait enfin baliser le rapport d'un groupe communautaire face à l'État, à ses autres bailleurs de fonds et à ses partenaires institutionnels.

Diverses raisons amènent une corporation ou une association professionnelle à se doter d'un code de déontologie. Premièrement, le code affirme un certain nombre de valeurs et indique comment un groupe professionnel particulier entend leur donner du sens en fonction de l'intérêt général. Ici, on pense évidemment à la confidentialité ou au rapport d'autorité entre un professionnel et la personne qui requiert ses services. Deuxièmement, le code est un outil de reconnaissance corporative. Il traduit l'importance socialement accordée à un groupe d'individus qui exercent une activité spécifique. Ainsi, au Québec, 43 groupes de professionnels sont reconnus par l'Office des professions et obligés de se doter d'un code de déontologie. Troisièmement, le code de déontologie vise à rassurer le public au sujet de la qualité des actes professionnels qui sont accomplis. Déterminant certaines obligations, il prévoit en corollaire la possibilité de sanctions plus ou moins sévères en cas de transgression. Quatrièmement, le code est un outil de qualification. Ainsi, pour offrir ses services, il faut adhérer à un ordre professionnel qui en encadre la pratique. On comprendra dès lors ce qu'implique l'exclusion éventuelle de son ordre professionnel, à la suite d'une violation majeure du code de déontologie. Enfin, parce qu'il établit un cadre normatif uniforme, le code est un instrument de cohésion susceptible d'offrir une certaine sécurité à ceux qui y sont soumis.

Au Québec, la loi oblige les corporations professionnelles, certaines associations d'artistes et des institutions comme les CLSC à se doter de tels codes, aussi appelés parfois «codes d'éthique». Toute dérogation à l'une ou l'autre des règles prescrites par le code de déontologie entraîne généralement une sanction pouvant aller de la réprimande plus ou moins sévère à la radiation de la corporation professionnelle et à la révocation du permis d'exercice.

Les codes de déontologie constituent un exemple d'éthique appliquée. En ce sens, ils relèvent de la morale. Cependant, pour être pertinents, les codes doivent évoluer au rythme des sociétés. S'ils punissent des actes qui enfreignent la morale professionnelle de rigueur, ils laissent un espace de liberté qui permettra aux professionnels d'écouter leur conscience de sujet libre et d'interpréter certains impératifs flous.

La confidentialité est, à cet égard, une dimension qui fait souvent appel au jugement éthique des professionnels, d'autant plus que cet impératif déontologique, qui fonde la relation de confiance entre un professionnel et la personne qui requiert ses services, se heurte parfois à des dispositions légales imposant le devoir de signaler aux autorités compétentes les menaces potentielles ou réelles à l'intégrité physique ou psychologique des personnes. L'obligation de «signalement» de la violence faite aux enfants constitue un exemple éloquent. Malgré l'impératif de confidentialité, des professionnels comme les travailleurs sociaux, les médecins et les avocats ont l'obligation de dénoncer les situations d'abus dont ils sont informés ou ont connaissance. Or plusieurs répugnent à cette obligation: parfois, pour des motifs qui relèvent de la stratégie ou de la philosophie d'intervention; parfois, pour éviter une erreur ou un dérapage qui conduirait à une accusation de diffamation; ou encore, pour des motifs structuraux comme la pénurie de ressources humaines.

À plusieurs reprises, des professionnels de la santé et des services sociaux, de même que des personnes œuvrant dans des groupes communautaires, m'ont indiqué d'autres situations où devait être transgressé l'impératif de confidentialité: les menaces de mort proférées par un conjoint violent ou dépressif, les menaces de suicide, la nécessité de transmettre des informations dans un cadre interdisciplinaire, l'itinérance des jeunes, les comportements sexuels de personnes atteintes de maladies transmissibles sexuellement, notamment le sida, etc.

Chez les artistes, la question de l'équilibre entre la liberté d'expression et le respect de l'autre traverse parfois les débats soulevés par la pornographie, le racisme et le plagiat. De même, il arrive fréquemment aux chercheurs d'être face à des questionnements difficiles. C'est par exemple le cas de ceux qui travaillent en biotechnologie ou en génétique.

Mais si le code de déontologie offre aux professionnels et au public la sécurité de la norme, il ne peut remplacer l'exigence d'un jugement personnel et professionnel fondé sur la cohérence éthique. À cet égard, il
devient de plus en plus évident que la dynamique de
transformation sociale, économique, politique et culturelle dans laquelle nous sommes engagés engendre
une double préoccupation. D'une part, il ne faut pas se
dérober à la responsabilité de se doter d'un environnement normatif qui donne du sens aux valeurs que
nous chérissons. D'autre part, il faut refuser de nous
encarcaner dans la trompeuse sécurité d'une uniformité
morale illusoire et incompatible avec l'exercice de la
liberté. Cela nous oblige à une réflexion éthique qui se
méfie des réponses trop faciles, porteuses de questions
qui le sont moins.

Les principaux concepts
de l'univers éthique

La réflexion éthique et l'analyse socioéthique exigent une connaissance adéquate de ce qui anime
l'univers éthique. À ce propos, il m'apparaît particulièrement essentiel de distinguer ce qui relève de la
valeur, de la *norme* et de l'*idéologie*. Une certaine compréhension de la dynamique à l'intérieur de laquelle
s'élabore la *conscience* me semble aussi importante.
Parce que la distinction entre ces concepts clés n'est
pas toujours faite correctement, on voit fréquemment
certains intellectuels, sans parler des publicitaires et
des autres spécialistes du marketing, confondre normes
et valeurs, par exemple.

La confusion est ainsi soigneusement entretenue par la publicité, celle-ci affirmant qu'il existerait des valeurs propres aux jeunes, aux personnes âgées et aux femmes, et d'autres propres aux buveurs de bière, aux fumeurs, aux utilisatrices de produits de beauté, aux automobilistes, aux skieurs, et sans doute aussi aux publicitaires. Cette banalisation des valeurs par la confusion entretenue entre ce qui est essentiel et ce qui est superficiel constitue un des travers des sociétés dont l'économie dépend de la consommation de masse et dont l'idéal humain semble se résumer à une idéologie des signes qui pourrait se traduire par: «Vous êtes ce que vous consommez.»

La confusion idéologique entretenue, c'est-à-dire la référence à des idées toutes faites, à un prêt-à-porter intellectuel, à la sophistique, à l'euphémisme et à d'autres astuces linguistiques, est un autre facteur qui empêche souvent de comprendre les enjeux éthiques reliés à un phénomène particulier. La menace de Stéphane Dion, ministre des Relations intergouvernementales dans le gouvernement canadien, concernant une éventuelle partition du Québec en cas de sécession, constitue à cet égard un exemple troublant. En effet, comment un politologue sérieux peut-il amalgamer le choix démocratique d'un peuple, ici l'indépendance, et le désir d'une ville ou d'une unité administrative de s'en dissocier? D'autres, comme le ministre québécois des Finances Bernard Landry, confondront économie sociale et stratégie d'identification des femmes de ménage et des journaliers qui travaillent au noir pour boucler des fins de mois difficiles.

D'autres concepts sont aussi très importants en éthique, notamment ceux de renoncement, de désir, de plaisir, de besoin, d'intérêt, de don, de réciprocité, de cohérence. J'y reviendrai plus loin. Pour l'instant, examinons rapidement les concepts clés mentionnés plus haut.

Les valeurs

L'amour, la solidarité, la justice, l'égalité, l'autonomie, le respect, la liberté, l'amitié, la loyauté sont des valeurs. Elles sont le produit de l'expérience humaine et fort probablement la condition de notre durée en tant qu'espèce.

Selon le Conseil supérieur de l'éducation du Québec, les valeurs constituent des facteurs puissants de la conduite humaine. Elles en sont à la fois point de référence, mobiles profonds, sources vives de dynamisme, motifs d'engagement et de dépassement, ouverture vers les dimensions les plus universelles de l'âme des personnes comme des sociétés. Implicitement ou explicitement, des valeurs fondent toujours les choix qui président à l'engagement personnel ou collectif[3].

Les valeurs ne changent pas, ou alors très lentement. C'est le regard que l'on pose sur elles qui se modifie. L'ordre de priorité qu'on leur accorde peut cependant se modifier, parfois assez rapidement, comme l'illustre une petite enquête que je mène depuis une douzaine d'années auprès de mes étudiants et auprès de personnes engagées socialement. Si, pendant longtemps, la solidarité a été proposée comme valeur de tête de l'engagement social, elle semble aujourd'hui supplantée par le respect. Mais l'honnêteté, la loyauté et la tolérance sont aussi considérées comme des valeurs très importantes, au même titre du reste que la solidarité. Ce passage de la solidarité au respect dans l'ordre des priorités axiologiques est un phénomène intéressant. Il se produit dans un contexte de transformations sociales majeures, où les individus sont de plus en plus invités à renoncer à certains des acquis qu'ils tenaient hier pour certains. Ce changement de cap est perçu par un grand nombre de personnes, selon moi avec raison, comme essentiellement fondé sur des arguments d'autorité et l'appauvrissement du grand nombre afin de garantir la fortune de quelques-uns. Comment interpréter autrement les coupes sombres pratiquées dans les programmes sociaux alors que de riches familles peuvent mettre leur fortune à l'abri grâce à la complaisance des gouvernements? Comment interpréter les augmentations de salaires faramineuses consenties aux dirigeants des grandes entreprises alors que le salaire de la plupart des travailleurs est, au mieux, gelé? On comprend alors que, face à tant d'hypocrisie, beaucoup s'interrogent sur ce qui fonde les appels à la solidarité, préférant lui opposer l'exigence du plus élémentaire respect.

Si les valeurs possèdent un caractère de pérennité évident, il arrive que certaines d'entre elles disparaissent ou qu'elles se combinent à de nouvelles, plus chargées de sens. Ainsi en est-il de la charité dont presque plus personne ne parle tant cette valeur a été galvaudée et tant, aussi, elle est associée à une conception du monde qui a trop longtemps nié la capacité des individus d'être des sujets. La charge éthique portée par l'idée de charité a été intégrée à d'autres valeurs comme la solidarité, la justice et le respect.

Productions humaines, les valeurs naissent, évoluent, se diluent ou disparaissent au fil de l'histoire. Il est par conséquent important de connaître, comme le suggère Nietzsche, les conditions et les milieux qui donnent naissance aux valeurs et qui les entretiennent. Cette nécessité n'est pas que didactique. La généalogie des valeurs permet de comprendre la sagesse qui les a fait naître et de voir comment, par leur normalisation, elles perdent ou gagnent en signifiance. Ainsi, l'interdit de tuer connaît des exceptions de plus en plus nombreuses, comme en témoignent éloquemment la férocité et l'atrocité des conflits qui ensanglantent présentement notre planète sous l'œil impassible de ces monstres froids que sont les États.

Ceux qui ont vu le film *2001, l'Odyssée de l'espace* de Stanley Kubrick, d'après le roman de Arthur C. Clarke, se souviendront de cette image très forte du singe qui découvre la propriété privée en même temps qu'il apprend à tuer. Ce singe joue avec un tibia; il tape sur des crânes et les fait éclater. L'activité l'amuse et il ne se sépare plus de son os. Il l'apporte au point d'eau où des bandes de singes s'abreuvent fort civilement à tour de rôle. Soudainement inspiré, le primate au tibia assène un grand coup sur la tête d'un singe d'une autre bande et le tue. Les autres, affolés, s'enfuient, laissant l'assassin maître du point d'eau. Voilà pour le meurtre et ses conséquences immédiates. Le singe, heureux de cet apprentissage, lance le tibia-arme en l'air en hurlant sa joie. Le tibia tourne, tourne, tourne et se transforme en satellite artificiel flottant dans l'espace. Quelle image! Quelle intuition géniale! Quelle leçon! Comme le chemin parcouru depuis l'aube de notre humanité est court!

Combien de temps aura-t-il fallu à l'*Homo sapiens* pour apprendre qu'à force de se taper sur le crâne les membres de l'espèce finiraient bien par disparaître jusqu'au dernier? Il aura dû faire preuve de sagesse et inscrire l'interdit du meurtre au tableau de l'éthique. En fait, il lui a fallu inventer l'éthique.

Cette digression nous ramène finalement à la question des valeurs autour desquelles s'organise toute société humaine.

L'engagement social prend ici tout son sens en ce qu'il doit d'abord et avant tout témoigner de la volonté des individus d'affirmer les valeurs qui fondent notre société. Corollaire de la liberté, l'engagement social exprime aussi une recherche de cohérence personnelle et collective entre notre système de valeurs et notre façon de l'actualiser, ce qu'illustrent notamment notre organisation sociale, l'affirmation de droits et de libertés, notre système juridique et notre mode de répartition de la richesse collective par la fiscalité et la sécurité sociale.

Espace d'affirmation de notre commune humanité, les valeurs sont des points de ralliement et assurent la légitimité de nos actes. À cet égard, la marche des femmes vers Québec à l'été 1995, sur le thème «Du pain et des roses», constitue une belle illustration de ce dont nous sommes capables quand nous décidons de nous engager dans la construction d'une société fondée sur le respect, la justice, l'équité et la solidarité. Même si le résultat à court terme de cette marche ne paraît pas évident, il n'en demeure pas moins que des centaines de milliers de personnes ont adhéré aux objectifs mis de l'avant par les organisatrices de cet événement. Il reste aussi que l'État s'est engagé à réaliser certaines réformes majeures touchant notamment l'équité salariale, la hausse du salaire minimum et la perception des pensions alimentaires.

Si fragiles que peuvent parfois nous paraître certaines valeurs, elles constituent pourtant d'incontournables références et la condition essentielle de la co-existence des personnes, des groupes et des sociétés. Les valeurs ne sont pas de pures abstractions: elles sont le produit de l'expérience humaine et sans doute la meilleure part qu'ont laissée, celles et ceux qui nous ont précédés.

Ancrées dans le présent, les valeurs constituent aussi, comme le dit le sociologue français Paul Ladrière, «des ébauches prospectives, des idées héritées et fonda-trices, instituées et instituantes[4]». Les valeurs rendent possibles la communication, la cohésion sociale, la reconnaissance mutuelle des libertés. Divers objectifs les sous-tendent et elles nous ouvrent des horizons que sans doute nous n'atteindrons jamais, mais qui nous interpellent et nous incitent à un dépassement.

Les normes

C'est par leur normalisation que les valeurs aux-quelles nous adhérons perdent ou gagnent du sens. Ainsi, l'exercice de notre liberté est balisé par des lois, des règles, des directives acceptables pour certains mais inacceptables pour d'autres. On sait que la justice et l'égalité prennent ou perdent du sens lorsqu'elles se frottent au procès du réel, tel qu'il s'exprime par les politiques fiscales et sociales.

Plusieurs formes d'engagement social sont la con-séquence de cet univers normatif. C'est parce que les normes entretiennent les valeurs qu'il est essentiel de s'assurer que celles-ci ne seront pas dénaturées par celles-là. Pour illustrer ce propos, prenons le cas de la mobilisation massive des femmes en un vaste mouve-ment communautaire dès qu'elles eurent compris que des valeurs comme la justice, l'égalité, l'équité, le

respect des personnes se normalisaient d'une façon différente selon qu'elles étaient conjugées au masculin ou
au féminin. D'où les revendications, d'une légitimité
incontestable, concernant le droit de vote, l'accès au
marché du travail et à l'équité salariale, la mise en
place de structures favorisant la participation des
femmes à la vie civique et politique, la répression de la
violence envers les femmes, etc.

De la même manière, des locataires se regroupent
en associations et exigent des mesures qui favorisent
l'accès à des logements décents; les personnes assistées
sociales luttent pour le respect de leur vie privée et un
minimum de justice sociale; les étudiants cherchent à
rendre plus réel le droit à l'éducation en s'assurant qu'il
ne soit pas limité par des coûts prohibitifs; des associations de citoyennes et de citoyens contestent des politiques fiscales inéquitables; d'autres luttent pour que
leur environnement ne soit pas irrémédiablement
dégradé par des activités de production et des pratiques
polluantes... On pourrait multiplier les exemples de
motifs et de lieux d'engagement, on en arriverait toujours à la même conclusion: un grand nombre de personnes exercent une remarquable vigilance en ce qui
concerne la normalisation des valeurs auxquelles
adhère la majorité d'entre nous. Qu'est-ce qui explique
cette vigilance?

Cette vigilance s'explique par le fait que si, en
théorie, nul ne remet en question la pertinence des
valeurs fondamentales de notre société, il s'en trouve
pour les interpréter d'une manière telle qu'elles en
perdent leur sens ou que celui-ci s'en trouve affaibli ou
perverti. Comment, par exemple, peut-on affirmer le
droit à la justice et accepter que certains en soient

privés parce qu'ils n'ont pas les ressources pécuniaires pour s'adresser aux tribunaux? Comment peut-on parler d'équité fiscale et accepter que des entreprises faisant des profits faramineux ne paient pas d'impôts? Comment parler de justice sociale et accepter que des dirigeants d'entreprise récoltent des bénéfices démesurés alors que leurs employés sont mis à pied? Comment un État peut-il se déclarer démocratique et empêcher une partie de sa population de voter, s'adonner à la censure et à la torture, pratiquer le mensonge, la dissimulation et la désinformation? Nous avons trop d'exemples de situations dans lesquelles l'intérêt prime le droit.

Mécanismes de décision, lois, règles, modes de consommation et de prestation des services, modes de production sont autant de façons de normaliser les valeurs qui cimentent notre vouloir-vivre collectif. Elles témoignent de notre sagesse et de notre cohérence.

Il reste qu'une multitude de problèmes se posent quand nous nous référons à l'univers normatif. Des difficultés de tous ordres, l'incohérence éthique ou d'évidentes contradictions commandent l'action des intervenants sociaux, qu'ils œuvrent en milieu institutionnel ou au sein des organismes autonomes de la société civile que se donne la communauté pour répondre à ses besoins réels. J'ai fait allusion à l'accès aux tribunaux comme corollaire de la justice. Je pourrais également m'appuyer sur cet autre principe énoncé par Rousseau dans *Du contrat social*, selon lequel «il faut rendre égal en droit ce qui ne l'est pas en fait[5]». Cet objectif légitime les différentes formes d'engagement social et communautaire.

Dans une société comme la nôtre, le sens qu'il faut donner aux valeurs est généralement produit par la loi. Ce sens évolue avec l'histoire des sociétés; ce qui était autorisé hier sera défendu demain. Cette dynamique éthique correspond à la dynamique de la vie elle-même. Ainsi, l'esclavage, autorisé ou toléré hier, est aujourd'hui rigoureusement interdit. Aux États-Unis, ce changement a conduit à une sanglante guerre civile et soumis la société américaine à des tensions encore perceptibles. De même, les Québécoises n'ont obtenu le droit de vote, expression la plus élevée de la démocratie formelle, qu'en 1940 et, jusqu'en 1972, nul ne pouvait l'exercer s'il n'était âgé d'au moins vingt et un ans. Aujourd'hui, tout individu de dix-huit ans et plus peut s'en prévaloir, à la condition d'être légalement reconnu comme citoyen.

L'engagement social se justifie aussi par l'hypertrophie des cadres normatifs qui nous sont imposés. Le principe selon lequel «nul n'est censé ignorer la loi» constitue en réalité un hypocrite motif de répression des citoyens. Par ailleurs, ces derniers ont de plus en plus de mal à se retrouver dans les réseaux de l'appareil gouvernemental. Obéissant aux ordres de la technostructure, l'appareil bureaucratique gère sans avoir de comptes à rendre et impose souvent aux citoyens des décisions prises en vertu d'une réglementation que ceux-ci ignorent. Les relations des citoyens avec l'appareil gouvernemental sont de plus en plus caractérisées par: la difficulté d'accéder aux centres de décision; le manque de correspondance entre les décisions prises et les besoins vécus quotidiennement; le cloisonnement des secteurs d'activité et des organisations; la tendance à gérer les choses d'après des critères, des normes, des contrôles préétablis, à multiplier les vérifications et les permis de toutes sortes, dans de nombreux secteurs d'activité. Ce constat fut fait en 1983 par le Secrétariat à l'aménagement et à la décentralisation du gouvernement québécois. Chaque année depuis, le protecteur du citoyen en arrive aux mêmes conclusions et tout porte à croire que la situation pourrait encore s'aggraver.

En somme, la normalisation et l'actualisation des valeurs vers lesquelles nous tendons sont soumises à une logique bureaucratique qui semble parfois complètement coupée de la réalité et qui fonctionne non pas dans la perspective du bien commun mais en fonction de la reproduction d'un appareil qui s'effondre sous son propre poids.

Dans ce contexte, et pour pallier les carences de l'État, plusieurs organismes sociaux et communautaires offrent aux citoyens les moyens de s'orienter dans le dédale des administrations, des lois, des règlements, des directives. C'est le cas des organismes voués à la défense des droits des chômeurs, des prestataires de l'aide sociale, des victimes d'un accident du travail, etc.

Depuis plus d'un quart de siècle, l'engagement social de milliers de personnes a aussi été la source de plusieurs mesures dont on ne peut que reconnaître le caractère essentiel. Ainsi, des maisons d'hébergement pour femmes victimes de violence ont été ouvertes, des associations de consommateurs se sont formées, des ressources alternatives en santé mentale ont été organisées... Les centres locaux de services communautaires (CLSC) sont les héritiers des cliniques populaires de quartier, et le réseau de l'aide juridique fut expérimenté dans des «cliniques juridiques» où œuvraient de jeunes avocats progressistes.

Par ailleurs, des lois importantes ont été adoptées ou modifiées à la suite de l'action des milieux syndicaux et communautaires: la Loi sur la protection du consommateur, la Loi sur l'assurance-automobile, la Loi sur la perception des pensions alimentaires. D'autres ont été profondément remaniées pour tenir compte de l'exigence de cohérence éthique des citoyens, laquelle s'est répercutée dans des domaines aussi divers que la santé et la sécurité au travail, le logement, l'environnement, les services de garde, la sécurité du revenu, la formation professionnelle.

Une charte des droits et libertés a été promulguée pour concrétiser des valeurs qui font consensus. Elle est souvent invoquée par les organismes sociaux et communautaires, pour la défense de personnes soumises à des décisions arbitraires ou victimes de discrimination.

L'importante réforme des services sociaux et de santé pourrait-elle se réaliser sans l'apport de dizaines des milliers de personnes invitées à aider gratuitement et volontairement ceux que la maladie ou l'âge privent d'une certaine autonomie? Nul ne doute que les centres d'action bénévole et les ressources communautaires de soins et de services à domicile soient appelés à jouer un rôle essentiel dans la prestation des services de soins à domicile rendus nécessaires tant par le «virage ambulatoire» que par le vieillissement de la population.

Ces groupes contribuent à une normalisation nécessaire et signifiante des valeurs auxquelles nous attachons tant de prix. Ils sont producteurs de cohérence mais peuvent aussi, comme je le démontrerai plus loin, être occasionnellement générateurs d'incohérence.

Autant que l'État, les propriétaires et gestionnaires d'entreprise peuvent être tout autant pris à partie pour leur irresponsabilité sociale. Les entreprises jouent un rôle capital dans la création, la qualité et la stabilité des emplois. Dans un monde où le travail salarié constitue une dimension essentielle de la dignité des personnes et la condition de la qualité de leur vie, la responsabilité des entreprises est énorme.

Une entreprise décide de fermer ses portes et c'est 10, 100, 1000 personnes qui se retrouvent sans travail, avec tout ce que cela entraîne comme conséquences dans leur vie et celle de leurs familles. Or les entreprises n'accordent généralement que peu d'importance à cette responsabilité fondamentale, plus soucieuses qu'elles sont de maximiser leurs bénéfices, fût-ce au détriment de ceux qui les rendent possibles. Une éthique perverse, fondée sur une rationalisation des moyens de production et de l'administration, conduit à cette aberration qui consiste à réaliser des profits records tout en mettant des centaines, parfois même des milliers de personnes au chômage. S'il est certes légitime de réaliser des bénéfices, l'est-il d'y arriver par l'appauvrissement des autres, par la destruction de leurs rêves et de leurs aspirations?

Une autre dimension de l'action humaine concerne d'une façon toute particulière les entreprises: la protection de l'environnement. Ce sujet est aujourd'hui au cœur des préoccupations des individus et des sociétés. Nous nous apercevons que les ressources naturelles ne sont pas illimitées et qu'il faut en user avec modération. Nous prenons aussi conscience de la fragilité des équilibres naturels. Ils commandent la plus grande attention. Or, depuis la fièvre industrielle et l'avènement d'une économie fondée sur la consommation massive de produits dont l'utilité n'est pas toujours démontrée, plusieurs de ces équilibres ont été rompus. Les déchets toxiques rejetés par les entreprises dans l'eau, le sol et l'air tuent notre planète. La destruction des forêts, la pollution, l'accumulation de déchets nucléaires sont autant de conséquences des comportements irresponsables auxquels conduisent tant la soif de profits qu'une conception aberrante du progrès de l'humanité. Combien faudra-t-il encore de Sahel, de Bhopāl, d'*Exxon Valdès*, de Tchernobyl pour nous convaincre que nous sommes les artisans du pire?

En résumé, l'univers normatif est un milieu mouvant, instable, souvent inconsistant, où agissent un grand nombre d'individus, de groupes, d'organismes et d'entreprises. Dans les faits, nous sommes tous des producteurs de normes. Certains, comme les législateurs, le clergé, les militaires, les juristes, les publicitaires, les journalistes, les artistes, les écrivains, les chefs d'entreprise et les financiers le sont plus que d'autres et n'en sont que plus responsables.

Les idéologies

«Nous avons besoin d'idées pour commercer avec le réel[6]», affirme le sociologue français Edgar Morin. Nous avons besoin de systèmes d'idées pour donner forme, structure, sens au réel, pour l'arpenter, le mesurer, nous y repérer. Les systèmes d'idées, ou «idéologies», permettent de voir le monde et procurent ainsi des «visions du monde». Toute insuffisance et inadéquation dans l'idéologie donnent alors à voir un monde mutilé et illusoire. Dès lors, l'idéologie déforme en donnant forme.

L'idéologie traduit le monde en idées et, partant, s'interpose entre le monde et nous au moment même où elle opère la communication.

Contrairement à la prétention de l'intellectuel de droite américain Francis Fukuyama, nous sommes loin

d'avoir éteint le brasier des idéologies. Bien au contraire, nous l'entretenons régulièrement. Par exemple,
l'idée selon laquelle l'engagement communautaire est
l'expression de la responsabilité du citoyen peut
«s'idéologiser» en ce que je nommerais le «communautarisme». Il s'agit d'une conception de l'engagement
communautaire en fonction de laquelle cet engagement est présenté comme valable *a priori*. Cela n'est
pas évident. L'engagement communautaire tire son
sens de la pratique et fait appel à des valeurs de solidarité, de respect de l'autre, de justice sociale, de
démocratie, enjeux éthiques que j'ai déjà présentés. Or
rien ne peut garantir à l'avance qu'une pratique communautaire réponde à cette exigence. Conséquemment, laisser croire que «c'est mieux parce que c'est
communautaire» relève de l'idéologie.

Si le néolibéralisme[*] est certes l'idéologie dominante de cette fin de siècle, tout laisse entrevoir la possibilité que cette vision du monde doive composer avec
d'autres au fur et à mesure que l'histoire s'accélère.
Ainsi, l'islamisme assure une fonction idéologique non
négligeable en cette fin de siècle. De même, le féminisme et l'écologisme qui influencent un nombre considérable de personnes actives dans les milieux de la

---

[*] Je définis le néolibéralisme comme une idéologie conservatrice
qui postule que la gestion privée est par essence supérieure à la gestion publique, que les forces du marché sont le meilleur moyen de
réguler l'économie et que l'État doit être limité à sa plus simple
expression. Sur le plan social, le néolibéralisme préconise une
réduction draconienne des programmes sociaux et un allégement
de la fiscalité afin de favoriser la consommation. Sur le plan
éthique, les tenants du néolibéralisme privilégient souvent les
droits individuels au détriment des droits collectifs.

coopération, du syndicalisme et de l'action communautaire. Et il se pourrait qu'un nouveau socialisme renaisse sur les ruines des vieux dogmes et vienne constituer un paradigme idéologique porteur d'espoir.

Marx et Engels ont explicité la nature et la place de l'idéologie de façon magistrale :

> La production des idées, des représentations et de la conscience est d'abord directement et intimement mêlée à l'activité matérielle et au commerce matériel des hommes. Elle est le langage de la vie réelle. Les représentations, la pensée, le commerce intellectuel des hommes apparaissent ici comme l'émanation directe de leurs comportements matériels. Il en va de même de la production intellectuelle telle qu'elle se présente dans la langue de la politique, celle des lois, de la morale, de la religion, de la métaphysique de tout un peuple.

> Ce sont les hommes qui sont producteurs de leurs représentations, de leurs idées, mais les hommes réels, agissant tels qu'ils sont conditionnés par un développement déterminé de leurs forces productives et des rapports qui y correspondent.

> Chaque nouvelle classe qui prend la place de celle qui dominait avant elle est obligée, ne fût-ce que pour parvenir à ses fins, de représenter son intérêt comme étant l'intérêt commun de tous les membres de la société ou, pour exprimer les choses sur le plan des idées, cette classe est obligée de donner à ses pensées la forme de l'universalité, de les représenter comme étant les seules raisonnables, les seules universellement valables.

> Les pensées de la classe dominante sont aussi, à toutes les époques, les pensées dominantes; autrement dit, la classe qui est la puissance matérielle dominante de la société est aussi la puissance dominante spirituelle. La classe qui dispose des moyens de production matérielle

dispose du même coup des moyens de production intellectuelle, si bien que l'un dans l'autre les pensées de ceux
à qui sont refusés les moyens de production intellectuelle
sont soumises du même coup à cette classe dominante[7].

L'idéologie joue donc un rôle très important en
éthique. Elle est cette instance qui contribue à la formation de la norme par l'interprétation de la valeur.
Dans une société de type néolibéral comme la nôtre, la
qualité du citoyen est mesurée à l'aune de sa contribution à la production de la richesse. Dans un tel contexte, la personne qui détient un emploi productif est
mieux considérée que la personne qui reçoit des prestations d'aide sociale. Par ailleurs, la femme qui a conçu
ses enfants en dehors de l'institution du mariage n'est
pas sans subir un certain ostracisme, comme en
témoigne l'intention de politiciens américains et cana-
diens de leur interdire l'admissibilité à des programmes
sociaux. Dans certains pays, cette femme sera irrémédiablement condamnée.

Ces exemples illustrent le fait que la formation du
jugement éthique n'est pas une opération objective.
Elle ne peut l'être. Mais dès lors qu'on connaît cette
contrainte, ne devient-il pas possible d'en atténuer les
effets, d'en relativiser la portée? La dérive idéologique
étant parfois la source de certains détournements de
sens au chapitre de l'engagement social, il importe que
nous y portions attention.

La conscience

L'engagement social est le produit d'un acte conscient. C'est un acte de liberté et d'affirmation de sa souveraineté. Pour plusieurs, un tel engagement répond à

un besoin plus ou moins intense d'exprimer la qualité de son humanité par l'affirmation d'une solidarité avec les autres. L'éthique d'une personne est le produit de sa conscience, c'est-à-dire le lieu où se réalisent les délicats arbitrages entre les valeurs qui fondent notre humanité, l'univers normatif qui donne du sens à ces valeurs et les idéologies de référence qui influent sur cette construction normative.

Selon certains, notre conscience évolue sans cesse dès l'instant où nous accédons à l'existence. D'autres affirment même que la conscience apparaît avec la conception. Je n'adhère pas à cette vision des choses. Je crois plutôt que la conscience est un attribut de l'être autonome et le seul espace réel de sa liberté. Elle ne peut donc se former ou advenir qu'avec notre venue au monde et notre accession à la qualité de personne conférée par la naissance. La conscience transcende tous les goulags et peut, à la limite, conduire une personne à mettre sa propre vie en jeu pour assumer une liberté que nul dieu et nul maître ne sauraient régir.

Pour reprendre les termes de Deschoux, Cagey et Bigler, je dirai que

> c'est une loi générale de l'existence consciente d'être en situation, de ne pouvoir se définir dans le présent qu'en fonction d'un passé et pour un avenir. Dans la conjoncture qui est la sienne, la conscience mobilise certains aspects du passé. Elle n'a pas, par exemple, à inventer la valeur «justice»: la société où nous vivons en est déjà toute pénétrée, qu'il s'agisse du droit civil régissant les contrats, du droit pénal prévoyant la répression des délits et des crimes, ou de la législation sociale précisant les droits et les obligations des travailleurs[8]...

Nous savons en outre comment Socrate, Proudhon et Rousseau comprenaient la justice, comment la Révolution française, la Révolution bolchevique ou, au Québec, la Révolution tranquille ont tenté de la réaliser.

La conscience n'a donc pas à créer des valeurs; elle n'a pas non plus à les entériner telles quelles. Il lui faut les «repenser» en vue d'une promotion nouvelle qui réponde aux nécessités présentes. De la sorte, aucune recherche de morale théorique ne précède le moment de l'application pratique. Nulle valeur n'est vraiment déterminante dans l'éternel, et pas davantage dans le moment pur de sa prétendue création. L'éternité d'une valeur signifie réellement son renouvellement incessant dans la conscience. C'est ce qui explique que l'éthique soit en perpétuelle construction et soumise aux tensions inhérentes à cet état.

Par ailleurs, les auteurs d'inspiration marxiste affirment que le phénomène de la conscience n'est pas que personnel, qu'il découle aussi de notre appartenance à une collectivité. On parle alors de «conscience collective» ou de «conscience sociale». Dans une même perspective, on parlera aussi de la conscience qu'a une personne d'appartenir à un groupe humain particulier ou d'en partager la vision du monde: c'est la conscience de classe, notion qui renvoie également à la connaissance que nous avons de la réalité, du vécu d'une classe sociale particulière, même si nous n'en sommes pas issus.

Par extension, les militantes féministes parleront de «conscience féministe» pour qualifier la compréhension de l'oppression spécifique des femmes en particulier, et de la réalité féminine en général.

La conception marxiste de la conscience est particulièrement riche. Elle est certainement celle qui a le plus marqué les personnes qui, depuis une trentaine d'années au Québec, et depuis le début du siècle en Europe, se sont engagées socialement au nom de préoccupations collectives et communautaires. Il convient donc de s'y attarder.

Je partage l'opinion de Marx et Engels selon qui ce n'est pas la conscience qui détermine la vie, mais plutôt la vie qui détermine la conscience. La conscience est donc d'emblée un produit social, et sujette à changements. Bien entendu, la conscience n'est d'abord que la connaissance du milieu sensible le plus proche et celle d'une interdépendance limitée avec d'autres personnes et d'autres choses extérieures à l'individu. C'est aussi le rapport à la nature qui se dresse d'abord en face des hommes comme une puissance foncièrement étrangère, toute-puissante et inattaquable.

Il est intéressant de voir que cette idée de la conscience précède et fonde la réflexion de Hans Jonas sur l'évolution de la responsabilité dans le cadre d'une nouvelle ère technologique. En effet, nous sommes maintenant à un tournant majeur de notre existence en tant qu'espèce. Pour la première fois de notre courte histoire, nous découvrons que nos actes ont une portée beaucoup plus grande que nous ne l'imaginions. Ils déterminent la qualité de la vie non seulement de nos proches, mais aussi de personnes que nous ne connaissons pas et que nous ne rencontrerons jamais.

Quand les femmes d'ici se voient reconnaître concrètement l'égalité avec les hommes, ce gain atteint aussi les femmes d'ailleurs, qui pourront éventuellement s'en prévaloir dans leur propre contexte. Il en va ainsi de l'action dans le secteur de l'environnement, action dont les conséquences dépassent notre cadre de vie immédiat;

à la limite, les choix que nous faisons aujourd'hui auront des répercussions directes sur les générations à venir. À cet égard, le problème du financement des caisses de retraite constitue un bel exemple.

Une conscience de l'ambiguïté de notre état se développe au fil des progrès réalisés dans des domaines tels que la génétique, la procréation assistée, l'informatique et les techniques de manipulation et de contrôle du comportement. Nous agissons maintenant sur la nature, la transformant, la manipulant, la pliant à notre volonté. Ce faisant, c'est sur nous-mêmes que nous agissons, pour le meilleur peut-être, mais aussi pour le pire.

L'émergence et le développement de la conscience correspondent, comme l'a bien exposé Hegel dans *Le système de la vie éthique*, à une découverte de l'autre, et cet autre, dans le cours de l'histoire de l'humanité, sera lui-même situé à l'intérieur de groupes différents: famille, tribu, caste, nation, classe sociale, race, classe d'âge, identité sexuelle.

La réalité de l'autre, le respect de sa différence, la nécessité de la réciprocité comme corollaire de l'autonomie des sujets conscients, et de la solidarité comme exigence de la vie en société fondent l'éthique. Ils fondent également les diverses formes d'engagement social et communautaire.

La conscience de l'individu est plurielle en ce qu'il est en même temps conscient de lui-même, de son appartenance à une espèce, à un peuple, à une nation, à un groupe social, à une classe d'âge. L'individu est une femme, un homme, une personne handicapée, une personne homosexuelle... Nous pouvons donc parler de conscience sociale, nationale, individuelle, gay, de classe, féministe...

La conscience humaine, par son élargissement ou son rétrécissement, stimule et gouverne l'évolution de l'éthique des personnes et des sociétés. Dans cette perspective, la conscience emmagasine les valeurs, normes, idéologies et autres réalités éthiques nous affectant. C'est ainsi qu'une valeur clé comme la liberté sera connue et appréhendée par le biais de la conscience. Conséquemment, tout ce qui concourt à une mesure plus ou moins grande de liberté le sera aussi.

Les règles du discernement moral

La qualité du jugement moral d'un individu dépend de plusieurs facteurs. La théorie du jugement moral élaborée par le psychologue américain Lawrence Kohlberg met en lumière l'évolution de ce jugement et la base sur laquelle il se forme. Selon Kohlberg, le développement du jugement moral connaît trois niveaux découpés en six stades. Il me paraît utile de présenter ici une synthèse de cette théorie, synthèse qui s'inspire largement de celle qu'en faisait Pierre Fortin dans son article «Éthique et déontologie».

Selon Kohlberg, un tiers seulement de la population adulte parvient au cinquième stade et très peu d'individus atteignent le dernier. À mon avis, l'engagement social vise précisément à favoriser l'atteinte du niveau postconventionnel du jugement moral, épanouissement qui reflète la capacité des individus à être des sujets conscients.

Dans un autre registre, je proposerais, à l'instar de Jean-François Malherbes, de concevoir l'éthique comme une quête d'autonomie des individus fondée sur la

Tableau II. Les stades du développement du jugement moral selon Kolhberg

Niveau 1. Moralité préconventionnelle: le bien et le mal sont interprétés dans une perspective purement hédoniste.

Stade 1. Morale basée sur la peur de la punition et la recherche de la récompense. Respect inconditionnel de l'autorité.

Stade 2. Morale basée sur l'intérêt personnel. Les relations humaines sont perçues comme un donnant, donnant. Dans cette perspective, le bon comportement est celui qui est agréé par l'autorité.

Niveau 2. Moralité conventionnelle: une action est bonne si elle satisfait, si elle se conforme aux attentes du milieu, indépendamment des autres conséquences.

Stade 3. Il faut plaire aux siens. L'action doit être approuvée par le milieu. Recherche de l'approbation des autres.

Stade 4. L'action est fondée sur le devoir. Respect de l'autorité constituée et désir de maintenir l'ordre social pour éviter la réprobation des autorités et éviter le sentiment de culpabilité à cause d'un manquement au devoir. La norme a un caractère impératif.

Niveau 3. Moralité postconventionnelle: la personne est autonome en matière de principes moraux et son adhésion à une grille éthique ne repose pas sur l'approbation d'une autorité constituée, mais sur sa conscience.

Stade 5. Le bien est défini en référence au contrat social, aux droits de la personne. Les règles et les normes sont l'objet d'une appréciation critique dans une perspective de consensus social. Référence à l'esprit des lois plutôt qu'à la lettre. Une certaine relativité éthique.

Stade 6. La personne agit en fonction de principes abstraits, et non en fonction de règles morales impératives. Elle se réfère aux principes universels de justice, d'égalité, de fraternité, de dignité humaine, pour donner un sens à son action.

réciprocité. Cette démarche ne peut que s'appuyer sur le dialogue entre des sujets libres et capables de reconnaître leur ressemblance tout en respectant leur différence.

Dans cette optique, la conscience morale n'est jamais livrée entièrement à elle-même. Par l'éducation qu'il a reçue et, ajouterais-je, par la culture dans laquelle il baigne, l'individu est l'héritier d'une tradition qui comporte des règles indiquant le chemin à suivre pour arriver à la meilleure décision possible dans une situation complexe.

D'après Malherbes, *trois règles méthodologiques* du discernement moral s'imposent aux individus. La première est celle de *l'adéquation des moyens*, en vertu de laquelle il ne convient pas d'utiliser un moyen qui contrevient à la fin poursuivie. L'exemple du recours à la violence pour lutter contre la violence illustre bien la portée de cette règle. Cependant, ce premier principe doit être compris en relation avec le troisième, exposé plus loin. Il ne pose pas le rejet *a priori* d'un moyen, mais attire l'attention sur son caractère disproportionné ou sur la fragilité de sa légitimité. La deuxième règle est celle de *l'acte à double effet*, que connaissent bien les médecins qui ont à prescrire des médicaments provoquant des effets secondaires. En vertu de cette règle, les conséquences négatives d'une action doivent être moindres que les effets positifs recherchés. Dans le domaine social, le «signalement» d'enfants victimes de violence peut, dans certains cas, poser la même contrainte. Le choix de moyens d'action dans le cadre de luttes syndicales ou populaires peut aussi commander l'application de cette règle. La troisième règle, enfin, est celle du *meilleur chemin*: la décision que l'on prend est celle qui nous semble la meilleure dans un contexte particulier. Peut-être est-ce cette règle que suivent les représentants des milieux syndicaux et communautaires lorsqu'ils acceptent occasionnellement de collaborer avec l'État et l'entreprise privée? Cette troisième règle soulève le délicat problème de la relativité des choix que nous faisons, sujet qui est au cœur des préoccupations actuelles des sociétés qui, comme la nôtre, remettent en question certains acquis sociaux.

Le jugement moral représente toujours un risque auquel on ne peut se soustraire car il est le prolongement de notre liberté. Se manifestant dans des milieux et des sociétés porteurs d'une histoire et d'une culture qui leur sont propres, il doit donc être dosé de manière à répondre le plus adéquatement possible à des situations concrètes.

Au-delà de la mode, la recherche de la cohérence

Éthique est présentement un mot à la mode, qu'on apprête à toutes les sauces et qu'on répète comme un mantra en croyant sans doute qu'il possède des vertus magiques. Plusieurs semblent penser qu'il suffit de se doter d'un code d'éthique ou de déontologie pour faire la preuve de sa vertu. Or la chose n'est pas si simple.

J'ai lu et entendu à quelques reprises des personnes, sans doute bien intentionnées, qualifier des institutions financières «d'éthiques» parce qu'elles se donnaient certaines règles visant notamment leurs choix d'investissements. Par exemple, telle institution bancaire exige des garanties de protection de l'environnement avant de prêter à une entreprise. Certaines compagnies pétrolières élaborent des campagnes publicitaires qui vantent leur très grand souci environnemental. Bref, l'éthique devient dans certains milieux un argument de vente, quand elle n'est pas un masque destiné à dissimuler un dessein critiquable. Ainsi, une guerre ou une invasion seront camouflées sous un flot d'euphémismes: mission de paix, rétablissement de la démocratie, etc. On invoquera l'équité et le bien de la population pour remettre en question certaines politiques sociales. C'est notamment le cas des réformes de la sécurité sociale et de l'assurance-chômage, dont les conséquences sont extrêmement néfastes pour les personnes les plus pauvres.

S'il faut certes se réjouir que des entreprises découvrent enfin leur responsabilité sociale et que les États fassent preuve d'intelligence dans la gestion des finances publiques, il ne faut pas pour autant banaliser la recherche de cohérence éthique en la réduisant à des attitudes ponctuelles, sinon triviales, relevant des stratégies de mise en marché quand ce n'est pas du pharisianisme le plus évident.

La cohérence éthique ne saurait non plus se résumer à un exercice formel, comme celui auquel se livrent certaines institutions qui se dotent d'un «code d'éthique», parce que cela leur est imposé par la loi, sans consultation des employés. Un tel exercice, qui conduit à l'imposition d'un certains nombre de règles, ne peut certes pas s'inscrire dans le cadre d'une recherche de cohérence éthique.

Le questionnement éthique tolère difficilement la demi-mesure. Il doit être radical. Les valeurs auxquelles nous souscrivons personnellement et collectivement doivent être affirmées avec intransigeance. Et elles ne peuvent faire l'objet de négociations. Si, comme l'a affirmé Alfred de Musset, «on ne badine pas avec l'amour», il ne faut pas non plus traiter à la légère les valeurs de justice, de liberté, de solidarité et de respect qui ne se prêtent à aucune négociation. Cependant, l'intransigeance axiologique et la radicalité du questionnement éthique n'empêchent pas la tolérance et la recherche de solutions équilibrées, adaptées à des contextes en évolution. C'est pourquoi nous devons accepter la nuance dans nos réponses et fonder nos choix sur ce qui rallie plutôt que sur ce qui divise. Cela ne veut pas dire cependant qu'il faille accepter l'immobilisme auquel nous condamnerait la recherche d'un unanimisme stérile. Si la tolérance et le respect mutuel doivent reposer sur des rapports normaux entre les êtres humains, ils n'excluent pas la possibilité du conflit.

La recherche de cohérence éthique doit accompagner toute forme d'engagement social, sinon l'engagement devient plus ou moins insignifiant. Cela implique notamment que l'on évalue régulièrement si le chemin emprunté conduit bien aux objectifs fixés et aux valeurs qui sous-tendent l'engagement.

L'engagement des individus dans leur communauté doit être critique et radical, mais il doit l'être en fonction de cette cohérence entre les valeurs de référence et les moyens mis en œuvre pour leur donner du sens. L'engagement social n'est pas l'apanage d'une poignée de «héros d'avant-garde» ni le refuge d'une nouvelle élite sociale triée sur le volet. Il est plutôt l'acte normal de ceux qui s'inscrivent comme sujets conscients dans le développement de leur milieu.

Il faut parier sur la démocratie. Il faut reconnaître la capacité des individus à être des citoyens respon-

sables et s'assurer qu'ils disposent des moyens nécessaires à l'exercice de leur souveraineté.

CHAPITRE II

Les valeurs qui sous-tendent l'engagement social et communautaire

Les personnes qui s'investissent dans des pratiques relevant de l'engagement social et communautaire ne le font pas toutes pour les mêmes motifs. Certaines y voient le moyen de briser un certain isolement, d'autres une façon de participer à un projet de transformation de la société, plusieurs n'y discernent que la condition à l'obtention d'un service qui leur est utile, de plus en plus d'individus y dénichent enfin un emploi. Une minorité y fait carrière à titre de nouvelle élite sociale.

Quelle que soit la porte d'entrée à ces pratiques, aucune ne conduit ailleurs qu'à une action lourdement chargée sur le plan éthique. Il est à cet égard très facile de vérifier ce qui justifie l'engagement social et communautaire. Il n'est que de lire les publications syndicales et les bulletins de liaison des groupes populaires et des organismes communautaires. Il n'est que d'écouter le discours de leurs représentants et d'évaluer leurs objectifs avoués. Il n'est enfin que de constater la diversité des champs d'intervention couverts par le nombre grandissant de groupes sociocommunautaires québécois pour comprendre que les enjeux éthiques d'un tel déploiement d'énergie sont majeurs et re-joignent ce que nous avons à offrir de meilleur en tant que personnes et en tant que peuple.

L'égale dignité des personnes

Tout être humain doit être traité comme une fin en soi. C'est le sens même de la dignité des personnes. C'est aussi ce qui rend si odieux et dangereux certains discours politiciens qui établissent des degrés de dignité humaine associés, par exemple, au fait de détenir un emploi ou pas.

Il ne sert à rien de nous le cacher: dans les faits, les personnes victimes du procès d'exclusion qui carac-térise une société comme la nôtre sont objets de mépris. Beaucoup d'immigrants, particulièrement les individus de race noire, sont objets de mépris. Les prestataires de l'aide sociale, les personnes atteintes du sida, les toxicomanes, les individus sans domicile fixe, les autochtones sont objets de mépris. Le mépris est le réflexe de l'individu qui se refuse à sa pleine humanité en la refusant à l'autre.

Si notre réelle humanité est réductible à celle que nous reconnaissons concrètement à l'autre, il va de soi que notre propre dignité est elle aussi soumise à cette même loi.

L'affirmation de l'égale dignité des personnes cons-titue la pierre angulaire de l'engagement social et communautaire, du moins au sens où je l'entends. Je dois cependant reconnaître que cela n'est pas toujours évident, et c'est pourquoi je souscris entièrement aux propos de János Kis, directeur de la revue d'opposition hongroise *Beszélö* :

> Quand des hommes sont victimes d'atteintes à leurs droits moraux, il nous faut protester. Non parce que les protestations massives peuvent aboutir à diminuer la fréquence des atteintes les plus graves, ce qui est certes vrai. Non parce que, grâce à notre solidarité, nous gagnons de nouveaux alliés pour notre mouvement, ce qui est également vrai. Il faut protester, parce qu'il a été porté atteinte à la dignité d'une personne. Il faut protester, parce que de s'y résigner serait une atteinte à notre propre dignité[1].

Le combat pour la reconnaissance de l'égale dignité des personnes doit reposer sur cette conviction intime que c'est notre propre dignité qui est en jeu. Cette affirmation ramène la responsabilité de l'action vers l'individu et nous indique que, même si nous étions seuls à nous battre, la bataille en vaut la peine.

Les atteintes à la dignité des personnes sont l'objet de la plus vive préoccupation des individus socialement engagés, et cela, notamment, dans la plupart des organismes communautaires. Cette préoccupation se manifeste plus spécifiquement par l'importance qu'on accorde à la promotion du respect à titre de valeur phare lorsqu'il s'agit de juger les plaintes qui peuvent être portées contre des pratiques professionnelles jugées incorrectes.

Une telle préoccupation éthique touche tant l'individu que les rapports entre les organismes et les liens de ceux-ci avec l'ensemble de la communauté. Le Regroupement des organismes communautaires d'assistance et d'accompagnement aux plaintes définit le respect de la façon suivante: «Nous entendons le respect de l'individu au niveau de son intégrité, de sa liberté, de ses croyances, de ses valeurs, de son autonomie, de sa dignité, de son rythme et de sa vie privée[2].»

Cette déclaration éthique prend évidemment son sens dans l'action et se concrétise notamment dans le respect de l'autonomie et des compétences des personnes, dans une exigence de confidentialité, dans le respect de ses propres limites à titre d'intervenant social.

Une lecture attentive des codes de déontologie professionnelle, des codes d'éthique qui sont rendus publics par les institutions et de certains documents produits par les milieux syndicaux et par les organismes communautaires autonomes confirme l'importance accordée à la question de la dignité de la personne par les différents intervenants sociaux.

Paradoxalement, l'insistance qu'on met à réaffirmer l'importance de la dignité de la personne confirme la menace qui plane constamment sur cette valeur et la difficulté de la normaliser. L'engagement social et communautaire vise précisément à nous rappeler qu'en dernière instance la dignité de l'un tient à ce qu'en fait l'autre et qu'ici comme ailleurs nous sommes logés à la même enseigne.

Les droits et libertés

La dignité de la personne et le respect dû à chacun trouvent leur meilleure expression dans les chartes des droits et libertés que se sont données certaines sociétés, dont le Québec et le Canada.

Les droits et les libertés reconnus aux citoyens sont, sans aucun doute, la plus grande conquête de l'espèce humaine. Ils représentent une victoire sur nos pulsions les plus sombres, un gain aux dépens de l'égoïsme individuel. L'affirmation des droits et libertés constitue une façon de dire l'égale dignité des personnes, sans doute la plus efficace et la plus concrète, dans la mesure où cette affirmation est suivie d'un passage à l'acte.

Les grands bouleversements sociopolitiques de ce siècle ont été l'œuvre de militants en faveur des droits de la personne. Que ce soit en Pologne, en Tchécoslovaquie, en Argentine, en Birmanie, en Chine, en Russie, en Afrique du Sud, ces militants, à l'instar de Martin Luther King aux États-Unis, ont réussi à faire plier l'échine à tous ces monstres froids, à tous ces États qui restreignent la liberté et foulent aux pieds les droits humains les plus élémentaires.

Les droits et libertés de la personne sont de précieux acquis, gagnés de haute lutte par des individus engagés socialement. Cependant, l'expression de ces droits et libertés en fonction du contexte particulier à chaque collectivité est loin d'être réalisée. De nouvelles injustices apparaissent ponctuellement et sont légitimées par des majorités ou des groupes sociaux dominants qui sont sur la défensive. Les déclarations, les constitutions, les chartes continuent de se lire en référence aux plus nobles idéaux mais, dans les faits, des reculs apparaissent, des interprétations restrictives, pour ne pas dire abusives, viennent diminuer la portée des meilleures intentions. Tel droit est reconnu «dans la mesure indiquée par la loi»: voilà une petite phrase interprétative que l'on souhaite empreinte de sagesse, mais qui est peut-être assassine.

L'importance des droits et libertés de la personne n'est plus à démontrer. Il n'en demeure pas moins qu'ils engendrent des effets pervers dès lors que se constitue une certaine «idéologie des droits de la personne».

C'est que les droits et libertés, tout comme les valeurs qu'ils expriment, ne peuvent être compris de façon absolue. Ils doivent se plier à des impératifs de deux ordres. D'une part, ils sont évidemment tributaires de notre capacité collective réelle à les actualiser. C'est sans doute ce qu'a voulu indiquer le législateur en insistant sur la limite imposée par la loi. Il aurait sans doute pu ajouter «dans la mesure autorisée par l'état des finances publiques». Ainsi, l'actualisation du droit à la santé ou à l'éducation dépend de notre richesse collective et des choix sociaux que nous faisons, ces choix étant eux-mêmes déterminés par des facteurs politiques, culturels et économiques ainsi que par les rapports de force entre les différents groupes sociaux.

L'action des personnes engagées socialement est ici très importante puisqu'elle peut contribuer à rétablir un équilibre fragilisé par l'intervention de puissants groupes d'intérêt. Par exemple, qui pourrait douter de l'importance des groupes communautaires de défense des droits économiques et sociaux, en ces temps où une droite agressive cherche à réduire les budgets alloués aux personnes sans emploi?

D'autre part, les droits et libertés individuels ne peuvent être évoqués sans être mis en parallèle avec les droits collectifs et les intérêts légitimes d'une société particulière. Cette dynamique apparaît clairement dans le débat linguistique au Québec. Dans ce contexte, la Charte canadienne des droits devient un outil d'oppression entre les mains d'une minorité qui cherche à préserver ses privilèges, refusant de s'identifier à un peuple dont elle ne reconnaît pas l'existence, quand ce n'est pas le droit à l'existence.

À cet égard, je partage l'opinion de Michael Mandel, professeur de droit à l'Université de Toronto, qui estime que les chartes peuvent aussi être un instrument des classes possédantes contre la majorité des citoyens, voire contre l'autorité d'un gouvernement légitime. Outre la contestation de certaines lois votées par le parlement du Québec, la Charte canadienne des droits et libertés permet aussi à des entreprises de se soustraire au vœu de l'opinion publique, comme l'a démontré le jugement invalidant de larges pans de «la loi antitabac» du gouvernement canadien, prononcé récemment par la Cour suprême du Canada, en faveur des compagnies de tabac.

En permettant le gouvernement par des juges souvent nommés à ce poste en fonction de critères idéologiques ou partisans, les chartes peuvent devenir, dans les faits, des outils répressifs d'autant critiquables qu'elles n'ont pas été soumises à l'approbation populaire par voie référendaire.

Il faut cependant établir une distinction entre la reconnaissance des droits et libertés des personnes et la façon d'en garantir la préservation et l'exercice. Toute charte des droits et libertés devrait tirer sa légitimité du consentement populaire et ses dispositions devraient s'articuler en relation avec des droits collectifs ayant préséance sur les égoïsmes privés ou corporatifs.

Le principe de renoncement

Pour que les droits de la personne aient du sens, il faut que nous acceptions le nécessaire principe du renoncement. J'entends d'ici les protestations du chœur des purs et durs de toutes les «idéologies du progrès» pour qui le renoncement est un concept passéiste, hérité d'une tradition chrétienne rétrograde ou d'un néo-bouddhisme dont l'intérêt ne se résumerait qu'à son exotisme. Pour ma part, je crois que les milieux progressistes et les personnes actives dans les organismes syndicaux, politiques et sociocommunautaires ont intérêt à réfléchir sur la portée de ce concept dans une perspective de justice sociale. Il faut admettre l'idée du renoncement parce que l'affirmation des droits et libertés appartient à l'univers du symbolique, de l'utopie, de l'idéal désiré et que sa concrétisation ne peut s'accomplir que par la médiation du choix.

Qu'est-ce à dire? Cela signifie qu'un projet social ne peut être que le produit de choix assumés collectivement. Dans la mesure du possible, ces choix doivent être négociés entre les différents agents sociaux. En dernière instance, il revient à l'État de trancher. La somme de ces choix constitue dans les faits un projet de société qui ne saurait être donné une fois pour toutes. Nous sommes donc condamnés à la négociation permanente et à la remise en question ponctuelle de nos choix sociaux. Rien ne saurait donc être acquis à moins que nous acceptions le principe d'une humanité qui serait figée dans le béton de la norme.

Nos choix sociaux se réalisent dans un contexte caractérisé par la rareté. Si tel n'était pas le cas, nous n'aurions pas à choisir, mais seulement à profiter pleinement d'une corne d'abondance qui répondrait sans entrave et sans fin à tous nos désirs et caprices. Or notre contexte de rareté oblige à faire des choix. Que privilégier? Les investissements publics dans l'éducation, la santé, la culture, les routes, le soutien aux entreprises locales, pour qu'elles puissent mieux tirer leur épingle du jeu à l'heure de la mondialisation des marchés, les exemptions fiscales aux plus riches, en espérant qu'ils investiront leur fortune dans des entreprises créatrices d'emplois, le maintien d'une armée forte?

Les individus et les sociétés sont constamment face à des choix sociaux et économiques qui déterminent la qualité de la vie et donnent du sens aux valeurs. Or on ne peut tout avoir. Consacrer quelques années de plus à s'instruire exige certains sacrifices personnels. La décision d'avoir des enfants est un choix qui porte à conséquence pour les couples. La société québécoise a beaucoup investi dans l'éducation. Quel que soit notre jugement sur la gestion de cet investissement, nul ne peut mettre en doute sa pertinence.

Nos choix ont nécessairement pour conséquences l'établissement de priorités, l'inassouvissement de certains désirs, voire la remise en question de ce que l'on tenait pour acquis. Cet exercice nécessite une certaine maturité. Je sais, pour les avoir connus et en avoir profité, les sacrifices et les renoncements consentis par la génération précédente afin d'offrir à la mienne les outils d'une société moderne.

Ce qui rend la notion de renoncement si indigeste pour plusieurs, c'est qu'ils ont l'impression, fondée à mon avis, que ce sont toujours les mêmes qui y sont contraints. Rien n'est plus scandaleux en effet que les faramineux émoluments des présidents de banque et de multinationales, les privilèges fiscaux des grandes entreprises, l'égoïsme des technocrates, l'indifférence ou encore le mépris des politiciens carriéristes. La solidarité sociale voudrait que cette minorité de trop bien nantis donne l'exemple d'un renoncement qui, il est facile d'en convenir, ne lui serait pas très douloureux. Or, pour conserver son superflu, cette minorité bien portante et souvent bien pensante prive la majorité de son essentiel. Comment, dans ces conditions, faire l'éloge du renoncement sans sombrer dans celui du misérabilisme? Ça n'est pas facile, je l'admets volontiers. Ça n'en est pas moins nécessaire.

Pour concilier l'exigence de solidarité et de justice sociale avec celle du renoncement, l'on doit agir à plusieurs niveaux. Il nous faut instaurer une politique fiscale réellement équitable et certainement moins caricaturale que celle qui a cours actuellement et qui condamne les salariés à un appauvrissement graduel; offrir à tous l'accès à des ressources essentielles, notamment dans les secteurs de l'éducation, de la santé et des services sociaux; assurer à chaque citoyen un revenu suffisant pour lui permettre de satisfaire ses besoins fondamentaux; redéfinir de façon radicale le sens du travail et mettre en œuvre des mécanismes qui offrent de réelles perspectives d'emplois. Enfin, il nous faut impérieusement modifier sans tarder bon nombre de nos habitudes de consommation. Cette dernière préoccupation s'oppose radicalement à l'idéologie néolibérale, selon laquelle la consommation est une obligation civique dont dépend l'équilibre économique de la société.

C'est dans cette dialectique du choix et du renoncement que se situe la logique de l'engagement social, tel que je l'entends. Les personnes qui s'engagent dans les organismes de la société civile sont très bien placées pour mesurer les conséquences de nos choix. Elles sont donc en mesure d'évaluer comment doivent se conjuguer notre responsabilité personnelle et celle de la collectivité.

Responsabilité individuelle et collective

Quelle est la part de responsabilité qui relève de l'individu? Quelle est celle qui relève de la collectivité? Ce dilemme ne se résout pas facilement, car il nous faut tenir compte de l'inégalité effective des individus. Et il se résout d'autant moins facilement qu'il est l'objet de médiations idéologiques contradictoires.

On peut sans doute affirmer que, tôt ou tard, l'individu doit assumer la responsabilité de ses actes. Il doit prendre ses propres décisions, certes, mais en sachant que celles-ci se répercuteront sur la vie des autres. Nous ne pouvons échapper à notre responsabilité, et c'est tant mieux. Nous devons bien au contraire la revendiquer avec force parce qu'elle est la condition de notre liberté.

L'engagement social traduit très bien cette dialectique. Il présuppose la reconnaissance d'une responsabilité personnelle et implique nécessairement une affirmation de sa liberté, puisque chacun a le choix de s'engager ou pas. Aucun mouvement social n'est autre chose que l'expression de la liberté au service de la responsabilité.

L'opposition des deux notions que sont la responsabilité individuelle et la responsabilité collective relève donc de l'absurde et d'une conception du monde manichéenne où l'un des termes est privilégié au détriment de l'autre.

Un certain socialisme a voulu réprimer la liberté des individus en prétextant que l'État, expression d'une classe sociale, était le plus en mesure de savoir ce qui était juste et équitable pour tous. Ce faux égalitarisme a conduit aux impasses que l'on connaît. Il n'a cependant pu empêcher des femmes et des hommes d'as-

sumer, souvent face aux pires périls, les exigences de
leur responsabilité, jusqu'à ce que l'histoire leur donne
raison.

Quant au néolibéralisme, le courant idéologique
largement dominant en cette fin de millénaire, il ne
voudrait retenir de la responsabilité que celle des individus. Ce courant réduit de façon dramatique les
impératifs de la responsabilité collective. Il néglige
d'affirmer notre toute première responsabilité qui est
précisément d'accepter que notre souveraine autonomie soit dosée en fonction des exigences de la réciprocité. Cette aliénation volontaire d'une part de notre
liberté au profit de ce qui peut en garantir l'expression
constitue la base même de la vie sociale.

Fondé essentiellement sur le principe du développement économique sans entraves autres que celles qui
sont jugées nécessaires à l'enrichissement constant
d'une minorité, le néolibéralisme ne considère la personne que dans son état de producteur ou de consommateur. L'individu est conçu comme un client, même
quand il utilise des ressources qui lui appartiennent à
titre de contribuable.

Le crédit à la consommation, élément moteur de
notre économie, constitue le catalyseur de ce processus.
L'idéologie néolibérale a complètement évacué le principe de renoncement de son horizon éthique. Le
message qu'elle transmet est: «Vous êtes ce que vous
consommez et vous êtes un mauvais citoyen si vous ne
consommez pas.»

Depuis le début du siècle, la plupart des personnes
qui se sont engagées socialement au bénéfice de leur
communauté ont souvent opposé responsabilité individuelle et responsabilité collective et ont privilégié

cette dernière. Il s'agit là d'une vision manichéenne. Dans les faits, l'engagement social et communautaire doit chercher à intégrer les deux ordres de responsabilité puisque la capacité d'un individu à assumer sa responsabilité sera la condition qui conduira la collectivité à assumer la sienne.

La responsabilité collective représente bien plus que l'addition des responsabilités individuelles. Elle exprime un changement de rapport dans l'expression de la responsabilité, le passage à un niveau supérieur de conscience. Elle autorise la mise en chantier de grands projets qu'un individu ne saurait mener à terme seul.

L'aménagement des infrastructures nécessaires au développement et à la bonne marche des sociétés, l'adoption des politiques sociales, l'action humanitaire et solidaire à l'occasion de grandes catastrophes, l'élaboration d'un cadre éthique et politique régissant la vie commune ne sont possibles que sur la base de la responsabilité collective. L'expression de cette dernière emprunte différentes voies: syndicats, coopérations, regroupements volontaires de toutes sortes. Dans les sociétés démocratiques, elle trouve sa meilleure expression dans l'action de l'État.

Le rôle de l'État dans une société démocratique en mutation

Selon l'analyse marxiste classique, l'État est l'instrument de domination par excellence de la classe sociale la plus forte. Si cette conception de l'État n'est pas tout à fait fausse, elle est toutefois largement dépassée, du moins dans les démocraties libérales. Dans une société comme la nôtre, l'État peut être le lieu où s'exprime la solidarité collective et où se réalisent les délicats arbitrages entre les différents groupes sociaux.

Si la gauche peut parfaitement rejoindre la droite autour de l'idée que la société idéale serait celle qui saurait faire l'économie de l'État, force nous est de reconnaître que le dogmatisme en cette matière ne conduit nulle part. En réalité, rien ne serait plus tragique aujourd'hui que la disparition de l'État; nous reviendrions dès lors à la case départ de l'humanité, alors que régnait la loi du plus fort. Nous avons vu, au cours des années, où pouvait conduire l'écroulement de l'État. Des populations entières ont ainsi sombré dans la folie meurtrière, comme ce fut le cas au Rwanda et en Bosnie. Inversement, la mise en place d'une structure étatique aura permis au peuple palestinien d'affirmer son existence et sa capacité à négocier les conditions de nouveaux rapports avec Israël. L'État garantit une relative stabilité sociale qui est la condition du développement de notre commune humanité.

Il n'en demeure pas moins que l'existence de l'État s'accompagne d'un certain nombre de problèmes, dont celui de sa fréquente soumission à la règle de groupes minoritaires qui disposent d'un pouvoir économique ou idéologique démesuré comparativement à celui des citoyens et des groupes sociaux représentant les individus moins bien nantis. En outre, l'État est trop souvent piloté par des individus et des partis dont la première préoccupation est moins le service public que leur propre reproduction comme politiciens professionnels. En d'autres termes, il s'agit d'une confiscation de l'État par des individus qui n'en ont pas le sens. Enfin, les États modernes sont sous la coupe de technocrates et de bureaucrates qui ne sont pas imputables de leurs actes et qui profitent de la faiblesse du politique pour imposer leur loi.

Dans les démocraties soumises, comme c'est partiellement le cas au Québec, à l'idéologie néolibérale, les commis de l'État ont même fait de celui-ci une affaire presque privée, dont nous, les citoyens serions les clients. Il s'agit là d'une dérive éthique fort révélatrice et lourde de conséquences. Pour que l'État fonctionne raisonnablement bien, il faut que les personnes s'engagent en grand nombre dans les institutions de la société civile* et qu'elles fassent systématiquement valoir les besoins et les intérêts des groupes sociaux qu'elles représentent. Une société civile bien organisée est le plus sûr rempart contre la mainmise de certains groupes particuliers sur l'État.

Les organismes sociocommunautaires jouent un rôle capital, irremplaçable, que plusieurs analystes et la plupart des politiciens reconnaissent d'ailleurs volontiers. Cette reconnaissance se concrétise notamment par l'invitation de plusieurs porte-parole de ces groupes à participer aux sommets économiques nationaux dont la tenue a été planifiée pour mars et octobre 1996. Ce soudain intérêt doit évidemment être contextualisé. Il témoigne de l'utilité sociale des organismes communautaires à un moment où l'État se désengage de certaines des responsabilités qu'il avait assumées à ce jour.

Condition d'une démocratie réelle, l'engagement social impose à notre dynamique collective une saine

* Le concept de société civile exprime l'existence d'un ensemble d'institutions démocratiques: syndicats, organismes communautaires, associations qui ne relèvent pas de l'autorité de l'État, mais qui jouent un rôle important dans le développement de la société.

tension et nous force, comme le souligne Jacques Robin, principal animateur de la revue *Transversale science/culture*, à rechercher ces arbitrages sans lesquels nous serions tous perdants. La démocratie, affirme Robin, tente de structurer les rapports sociaux de manière telle que chacun puisse se faire entendre; elle est donc une école de solidarité et de tolérance pour tous les conflits inévitables de la vie en société. Faire en sorte que puissent s'exprimer librement ceux dont les intérêts s'opposent au lieu de les réprimer, c'est là selon moi ce qui caractérise l'idéal démocratique.

Le rôle de l'État dans une société démocratique est donc très important. Toutefois, l'action de l'État ne saurait à elle seule empêcher les inévitables déséquilibres entre les groupes sociaux. De fait, l'efficacité de l'activité étatique dépend de plus en plus de l'engagement des personnes.

Les exigences d'une démocratie dynamique, «ce point oméga inaccessible vers lequel il nous faut tendre[3]», comme le dit Léon Dion, commandent donc impérieusement l'engagement des citoyens. Laissé à lui-même, l'État risque effectivement de tomber sous la coupe des experts et des «rapetisseurs» de droits sociaux.

Mais, même s'il est essentiel, cet engagement n'est pas la garantie à toute épreuve d'une démocratie plus vivante et plus cohérente. Ainsi les groupes les plus forts, les mieux organisés, peuvent-ils être tentés de faire prévaloir leurs priorités. Ce danger doit être l'objet d'une vigilance sans faille.

CHAPITRE III

Les fondements éthiques de l'engagement social au Québec

L'engagement communautaire au Québec repose historiquement sur cinq courants ou perspectives éthiques majeurs qui sont apparus et se sont développés au fur et à mesure que progressait la société québécoise, à savoir: l'éthique chrétienne, et plus spécifiquement catholique; l'éthique de la coopération; l'éthique socialiste; l'éthique féministe; l'éthique communautaire.

On le verra, ces cinq courants sont influencés sensiblement par les mêmes valeurs. C'est au chapitre normatif qu'ils se distinguent, parce que chacun de ces courants traduit une idéologie qui interprète les valeurs de référence de façon parfois très différente. Ainsi, l'institution catholique ne conçoit pas la liberté et la démocratie de la même façon que les féministes, et elle ne tirera pas les mêmes conclusions que le socialisme de l'existence de classes sociales antagoniques.

Ce serait une erreur d'analyser ces courants d'une façon linéaire, sans tenir compte des rapports dialectiques qui les unissent et parfois les fécondent. L'apparition de ces perspectives éthiques et leur généalogie s'insèrent dans des moments forts de l'histoire québécoise. À plusieurs égards, certains de ces courants ont acquis ici une vigueur tout à fait particulière et leur analyse permet de comprendre jusqu'à quel point le Québec est une société distincte, voire un laboratoire social exceptionnel.

L'éthique chrétienne

L'éthique chrétienne, sous son expression catholique, a profondément influencé les personnes engagées socialement, jusqu'à la seconde moitié du XXe siècle. Elle a laissé des traces et elle marque encore l'*ethos* de bon nombre d'individus actifs dans les mouvements syndical et coopératif, ainsi que dans les groupes populaires et les organismes communautaires.

Cette influence a donné lieu à diverses formes d'engagement. Ainsi, des personnes sont entrées dans les ordres, certaines en réponse à une véritable vocation, d'autres pour des motifs plus pragmatiques, tels l'accès à l'éducation et le désir d'un certain prestige. Plusieurs s'engageaient dans la vie religieuse au nom de valeurs importantes, alors intimement liées au christianisme, comme la charité, la compassion, l'amour du prochain, l'espérance, le dévouement. Dans la perspective axiologique du christianisme, l'autre est vu comme l'expression du dessein divin et doit être aimé en tant que tel, peu importe qui il est ou ce qu'il fait.

Cet engagement était aussi fondé sur les prescriptions des commandements de Dieu et de l'Église. Enfin, il s'inspirera éventuellement de l'encyclique *Rerum Novarum*, publiée en 1891, sous le règne du pape Léon XIII, et qui est la base de «la doctrine sociale de l'Église».

Si, pour une bonne part, on a raison de faire le procès des différentes formes d'oppression, d'exploitation et d'aliénation dont s'est rendue coupable l'Église catholique, de critiquer, comme plusieurs l'ont déjà fait, son inaptitude à suivre l'évolution rapide de la société, nous devons aussi prendre acte de l'immense contribution du clergé à l'amélioration de la qualité de la vie dans les différentes régions du Québec.

Les activités des communautés religieuses ont été un facteur déterminant de la constitution de la société québécoise ainsi que de l'émergence de nouvelles avenues éthiques et de formes plus modernes d'engagement social. Le christianisme a contribué, ici comme ailleurs, et parfois même en voulant les combattre, à la définition de nouvelles perspectives éthiques progressistes et mobilisatrices.

En effet, en mettant en place des structures d'accueil pour les étudiants, les jeunes ouvriers et les travailleurs, l'Église a contribué, peut-être à son corps défendant, à la structuration de réseaux laïques regroupant des personnes qui s'impliqueront résolument dans la lutte pour la justice sociale. Il ne faut donc pas s'étonner que plusieurs des figures sociales et politiques dominantes de notre histoire aient été formées dans le sérail clérical, par l'entremise, entre autres, de la Jeunesse étudiante catholique (JEC), de la Jeunesse ouvrière catholique (JOC), du Mouvement des travailleurs chrétiens (MTC), des syndicats catholiques et des sociétés de bienfaisance.

L'évolution des courants éthiques au Québec illustre de façon convaincante la pérennité du socle axiologique sur lequel s'est construite cette société et qui en assure le développement. Cette évolution a parfois pris un tour étonnant. Ainsi, le catholicisme québécois a valorisé la coopération et contribué de façon importante à l'implantation de la Confédération des travailleurs catholiques du Canada (CTCC) qui deviendra la Confédération des syndicats nationaux (CSN), solution de remplacement face au syndicalisme d'inspiration socialiste alors en plein essor en Europe et aux États-Unis, syndicalisme qui fut un important incubateur de militants politiques «de gauche».

Et que dire de l'engagement important de plusieurs prêtres et membres de communautés religieuses dans les quartiers urbains et dans les villages! Cette implication dans des activités de nature temporelle a assez rapidement conduit à une sérieuse remise en question des formes traditionnelles de vie communautaire et d'expression de la foi. L'apport des clercs au développement des lieux d'engagement social a été déterminant et, très souvent, absolument exemplaire, comme ce fut notamment le cas dans les quartiers populaires de Montréal et lors des Opérations Dignité dans les paroisses du Bas-Saint-Laurent et de la Gaspésie.

Les clercs ont donc animé la vie coopérative, la vie syndicale et la vie communautaire en se référant à une palette de valeurs essentielles: équité, respect, dignité, solidarité, altruisme, compassion, justice. Ils ont permis que des personnes deviennent des acteurs importants du développement de leur milieu. Paradoxalement, l'action de plusieurs membres du clergé entraînera la réduction majeure du rôle de l'Église, le fléchissement de son pouvoir et, dans une large mesure, la contestation de son autorité en matière de morale.

L'imposition de dogmes en matière de morale personnelle et collective ne fait presque plus partie de la fonction répressive de l'Église catholique québécoise. Le temps où les femmes étaient menacées des feux de l'enfer si elles se refusaient à leur mari et celui où les militants socialistes étaient assimilés à des suppôts de Satan sont révolus. Dans les faits, les militants progressistes s'affichant comme catholiques sont aujourd'hui plongés au cœur des débats sociaux. Comme dans la plupart des autres pays, ils s'engagent dans des organismes et des regroupements qui luttent pour des réformes sociales parfois majeures. Dans bien des cas, ces luttes se font contre le dogmatisme religieux incarné par le Vatican et quelques catholiques réactionnaires que l'on retrouve dans certaines institutions, notamment dans le milieu scolaire montréalais.

Un homme exceptionnel, l'abbé Pierre, a joué un rôle considérable dans l'émergence et la consolidation de l'activité communautaire au Québec. En effet, au milieu des années soixante, plusieurs prêtres se sont inspirés de son action; nombre des premiers animateurs sociaux furent d'ailleurs formés à l'école des Chantiers, projet d'action sociale mis en route par le célèbre ecclésiastique. Il ne fait aucun doute que des individus comme le jésuite progressiste Jacques Couture et une communauté comme les Fils de la Charité aient été largement inspirés par cet homme remarquable, dans les années soixante et soixante-dix.

Les militants sociaux nés après la Seconde Guerre mondiale ont été eux aussi fortement marqués par leur

éducation religieuse, au point de transposer un dogmatisme qu'ils combattaient pourtant sous sa forme cléri-
cale dans les organisations marxistes-léninistes à la
mode au cours des années soixante-dix et, peut-être,
dans un certain économisme communautaire populaire
présentement.

Donc, nul ne peut nier, au risque de travestir l'histoire, l'extrême importance de l'éthique chrétienne
dans l'émergence des diverses formes d'engagement
social et communautaire qui s'expriment aujourd'hui.

L'éthique de la coopération

L'éthique de la coopération se situe à la jonction de
l'éthique chrétienne et de l'éthique socialiste. Au
Québec, cette proposition éthique, fortement encouragée par le clergé, visait précisément à combattre «le
communisme sans Dieu et le capitalisme sans cœur»
qui sévissaient un peu partout. D'ailleurs, un grand
nombre de caisses populaires furent établies dans un
sous-sol d'église et il arrive encore, quoique rarement,
que des réunions de conseils d'administration débutent
par une prière ou que le curé de la paroisse soit appelé
à bénir le local d'une caisse.

Originellement, la coopération se voulait la réponse des couches opprimées de la société aux contradictions du capitalisme. Cette réaction ne fut pas la
seule. Elle accompagnait la fondation des partis socialistes et des syndicats. La coopération est donc née à la
même époque, de la même misère prolétarienne et de
la même oppression, sous l'impulsion du même esprit
que le syndicalisme et le socialisme. Elle exprimait de
semblables aspirations.

L'éthique de la coopération a historiquement joué un rôle déterminant dans le développement de la société québécoise. Aussi, le Québec est-il devenu une terre de prédilection pour le coopératisme qui est, lui, un des principaux leviers du développement socio-économique national.

L'histoire de la coopération québécoise est aussi, et particulièrement depuis une trentaine d'années, celle de l'émergence d'une bourgeoisie nationale qui se révélera rapidement très dynamique, comme en témoigne le succès fulgurant du Mouvement Desjardins et de la coopération agricole. Cette constatation est importante, en ce qu'elle signale qu'une fraction significative de la bourgeoisie, compte tenu de son origine, pourrait être plus sensible que d'autres à certaines valeurs promues par les personnes engagées socialement dans leur milieu de travail et de vie. Cette sensibilité pourrait être particulièrement utile dans un contexte de mise en valeur d'une économie solidaire. C'est sans doute ce qui explique la participation des milieux de la coopération dans des coalitions larges comme le Forum pour l'emploi, où l'on retrouve également les organisations syndicales et communautaires, ainsi que leur soutien au développement économique local et l'appui qu'ils accordent à certaines entreprises vouées à la protection de l'environnement.

Les valeurs de la coopération ont été explicitement définies par l'Association coopérative internationale. On en compte six:

— adhésion libre et volontaire;

— contrôle démocratique;

— intérêt limité sur le capital social;

— ristourne des bénéfices aux membres ou à la communauté (équité);

— éducation des membres à la coopération (autonomie);
— intercoopération (solidarité).

Depuis quelques années, des préoccupations
éthiques touchant l'égalité dans l'emploi, l'équité salariale, la protection de l'environnement et la coopération internationale se greffent sur ces valeurs.

Inspirée par une vision de l'évolution des sociétés
qui s'appuie sur la capacité collective des individus à
être les artisans de leur développement à tous les plans,
l'éthique de la coopération propose une société dont le
progrès serait tributaire de l'action solidaire des personnes plutôt que des mouvements de capitaux, une
société fondée sur la démocratie économique, le
respect de la dignité des individus, la responsabilité et
une conscience plus claire des enjeux collectifs.

Les valeurs qui sous-tendent la coopération
rejoignent celles des autres perspectives éthiques qui
animent l'engagement social au Québec. Il ne faut
donc pas s'étonner que l'avenue de la coopération
croise fréquemment les autres routes empruntées par les
Québécois qui choisissent de contribuer activement à
l'édification de la Cité.

L'éthique socialiste

Malgré l'adhésion d'un certain nombre de Québécois au Parti communiste du Canada et à la Coope-
rative Commonwealth Federation (CCF), l'ancêtre du
Nouveau Parti démocratique (NPD), l'essentiel des
pratiques sociales a été influencé par l'éthique
chrétienne jusqu'à la Révolution tranquille. C'est en

réaction contre les courants politiques progressistes qui s'intensifiaient en Europe et en réaction contre un syndicalisme américain particulièrement combatif que sera créée la Confédération des travailleurs catholiques du Canada (CTCC).

Avec la Révolution tranquille, le Québec s'ouvre au monde et aux courants idéologiques qui le traversent. L'engagement social connaît alors un essor remarquable et les diverses pratiques valorisées répondent à un système de valeurs issu du socialisme. Ces valeurs seront normalisées de façon différente, en fonction des clivages idéologiques qui frappent la famille socialiste: social-démocratie, socialisme autogestionnaire, trotskisme, marxisme-léninisme...

C'est ainsi qu'au discours socialiste relativement modéré du Front d'action politique (FRAP) et du Parti socialiste du Québec (PSQ), deux organisations fondées à la fin des années soixante, succédera au cours des années soixante-dix un discours beaucoup plus dogmatique, d'inspiration marxiste-léniniste et fortement influencé par la révolution culturelle chinoise. Une éthique dite «révolutionnaire», s'appuyant sur l'exemplarité d'une «avant-garde éclairée», fournit des arguments à la dénonciation impitoyable de ceux dont l'engagement est jugé trop timide et l'idéologie, erronée. Des membres d'organisations sont convoqués au banc des accusés et invités à faire sans tarder leur autocritique, sous peine d'être condamnés à coiffer le bonnet d'infamie. La vision juste du monde, aussi qualifiée de «ligne juste», sera imposée, avec un succès inégal, à des organismes comme les associations pour la défense des droits sociaux (ADDS), les coopératives d'alimentation, les associations coopératives d'économie familiale (ACEF), les garderies populaires, le Centre de formation populaire (CFP) l'Agence de presse libre du Québec (APLQ), etc.

Cette époque durera une dizaine d'années, avec une pointe entre 1974 et 1980. Elle marquera profondément une génération de personnes dont l'action se poursuivra ultérieurement dans différents mouvements syndical, féministe, écologiste, dans les groupes alternatifs voués à la santé mentale, dans les organisations de défense des droits, dans les groupes d'éducation populaire. Certains militants de ces organisations rejoindront des formations politiques traditionnelles et se retrouvent aujourd'hui au tout premier plan de l'actualité, quand ce n'est pas aux premières loges du pouvoir. D'autres exercent leur activité dans des organismes soutenus par des communautés religieuses et sont parfois les plus ardents apôtres de l'économie dite sociale.

Cette période nous permet de vérifier l'extrême importance de la variable idéologique en matière éthique. Ainsi, il apparaît clairement que cette variable détermine les choix normatifs qui donneront du sens aux valeurs humaines et sociales auxquelles adhèrent les individus et les collectivités. Des valeurs comme le respect et la solidarité, interprétées à la lumière de l'idéologie catholique ou du libéralisme, ne s'exprimeront pas de la même manière que si elles sont vues à travers le prisme du marxisme-léninisme ou de la social-démocratie.

Influencé par la critique marxiste, le discours et les objectifs des intervenants sociaux changent. Les problèmes sociaux ne sont plus perçus comme une fatalité, mais comme le produit d'un système socioéconomique et politique structurellement injuste. L'acceptation de la pauvreté comme un produit de la «volonté divine» est dénoncée. La charité, qui fait de l'individu un objet de compassion, perd de son intérêt axiologique.

Contrairement à la pratique dans la structure ecclésiale et dans les organismes charitables comme la Saint-Vincent-de-Paul, les responsables de la misère humaine sont pointés du doigt, et même nommés. Des chrétiens n'hésitent plus à s'en prendre à d'autres chrétiens avec virulence, voire avec violence. Malgré l'interdit formel du Vatican, l'appartenance de classe des individus devient, pour plusieurs, un critère important du jugement moral.

L'éthique socialiste se fonde sur quelques valeurs clés: la liberté, la solidarité, la justice, l'équité, l'égalité, l'autonomie. L'égale dignité des personnes est affirmée comme une loi, son corollaire étant que l'humanité d'une personne est réductible à celle qu'elle reconnaît aux autres. C'est ce qui justifie une féroce critique de la bourgeoisie dont l'enrichissement repose sur l'exploitation du travailleur, souvent dans des conditions inacceptables. Tout un édifice normatif se construit sur ce socle. L'éthique socialiste légitime la lutte sociale et les formes qu'elle doit prendre selon les degrés d'oppression, d'exploitation, d'aliénation et de répression. Elle propose une vision des rapports humains fondés sur l'appartenance des individus à des classes sociales dont les intérêts sont largement différents et souvent antagoniques.

Les formes modernes d'engagement social s'inspirent fortement de l'éthique socialiste, même sur le plan du développement économique local.

Le syndicalisme s'en est trouvé radicalement transformé. La CSN, renonçant à son statut de centrale

catholique, s'engage dans une perspective de changement social radical. La Centrale de l'enseignement du
Québec (CEQ), créée d'après une structure corpo-
ratiste largement dominée par l'éthique chrétienne,
adopte un discours progressiste reposant entre autres
sur l'idée socialiste que «l'école est au service de la
classe dominante». La Fédération des travailleurs du
Québec (FTQ), déjà laïque et résolument partisane du
social-démocrate Nouveau Parti démocratique, transforme elle aussi, quoique plus timidement, son action.

Le changement se manifeste d'abord au niveau
symbolique du langage. On ne parle plus de «démunis»
et de «petites gens», mais de personnes opprimées,
aliénées, exploitées. Les mots deviennent des instruments de combat. On ne parle plus du «monde ordinaire» mais du peuple, des classes sociales, des groupes
opprimés. Les organismes de charité ou d'entraide
cèdent la place aux comités ouvriers, aux comités de
citoyens et aux groupes populaires. En prenant du cof-
fre, les mots deviennent dénonciateurs et cessent de
refléter des aveux d'impuissance pour plutôt affirmer
la nécessité du combat. À une éthique de la résigna-
tion succède une éthique de l'engagement et de la lutte.

L'éthique socialiste a profondément marqué le
développement des mouvements sociaux et les diverses
formes d'engagement social et communautaire au
Québec, de la fin des années soixante à ce jour. Il fau-
dra attendre le début des années quatre-vingt-dix et
l'ère de la grande uniformité idéologique néolibérale
pour qu'elle soit remise en question par plusieurs de
ceux qui y avaient adhéré.

L'éthique féministe

Nous pouvons aujourd'hui parler d'une éthique féministe qui possède des traits distinctifs, tant sur le plan axiologique que sur le plan normatif et idéologique. Cette éthique se fonde sur des valeurs telles que la dignité, l'autonomie, le respect, la solidarité, l'égalité, l'altérité. Ces valeurs s'affirment dans le discours et dans la pratique des organismes qui forment le mouvement des femmes.

Monique Dumais, de l'Université du Québec à Rimouski, parle avec ferveur de l'éthique féministe et ce qu'elle dit mérite d'être largement cité:

> Se donner naissance suppose un regard positif sur ses propres qualités, sur ses propres capacités, ainsi que sur celles qui ont été vécues et transmises par des générations de femmes. Le monde des femmes ne peut plus rester fermé sur lui-même; les valeurs cultivées par les femmes doivent se diffuser dans la société, pour qu'elles ne soient plus exclusivement réservées aux femmes. L'orientation essentielle de cette lutte politique sera de féminiser le monde, l'homme et le concept d'humanité[1].

La conscience de l'oppression spécifique des femmes s'est largement déployée et, partout sur la planète, des femmes se lèvent aujourd'hui pour faire valoir leur égale dignité. Souvent, comme c'est le cas dans certaines sociétés intégristes, au risque de leur vie.

Le féminisme moderne émerge dans la foulée des luttes sociales qui ont agité les pays industrialisés. C'est dans l'action et par l'analyse des conditions concrètes de leur existence depuis l'aube de l'humanité que les femmes font valoir le caractère spécifique de leur oppression et exigent que soient prises des mesures pour la contrer. L'action actuelle des Québécoises contre la pauvreté, qui touche en particulier les femmes, illustre très bien cette perspective.

Le mouvement féministe est le produit des luttes sociales et s'est par conséquent largement inspiré de la pratique des militantes liées aux différents courants de la gauche socialiste. Ainsi, les militantes pour le droit de vote, les «suffragettes», s'identifiaient généralement aux organisations politiques progressistes: socialistes ou communistes. Ce siècle a aussi vu la montée de figures politiques féminines exceptionnelles. La communiste allemande Rosa Luxembourg, la militante de la gauche sioniste et première ministre d'Israël Golda Meir, la première ministre de l'Inde Indira Gandhi sont à cet égard des figures tout à fait exemplaires. Au Québec, des militantes remarquables, actives dans les syndicats et les organismes de type communautaire, comme Madeleine Parent, Léa Roback et Simonne Monet-Chartrand, ont pavé la voie à un mouvement féministe très important.

Le féminisme se fonde aujourd'hui sur une éthique spécifique qui tente de s'imposer comme «sagesse» à partir d'une analyse très riche de l'histoire des femmes et d'une mise à jour des acquis éthiques que cette histoire leur a apportés: façon de régler les conflits, importance de l'équilibre entre le travail et les obligations familiales, etc.

L'éthique féministe tente en outre de subvertir d'autres éthiques en induisant des propositions normatives révolutionnaires. C'est ce que traduit la critique faite de la tradition patriarcale de l'Église catholique par les féministes chrétiennes. La critique sévère du machisme d'une certaine gauche, formulée par des féministes marxistes, a également joué un rôle important dans l'effondrement des mouvements politiques marxistes-léninistes, comme En Lutte et le Parti communiste ouvrier, au début des années quatre-vingt.

Il est aussi remarquable et intéressant de constater qu'ici comme ailleurs, peut-être même ici plus qu'ailleurs, ce sont souvent d'ex-militantes marxistes-léninistes qui occupent aujourd'hui les fonctions politiques d'autorité à l'intérieur des organisations s'affirmant féministes. Dans la très grande majorité des pays dominés idéologiquement par l'islam, les militantes féministes mènent un combat héroïque et extrêmement périlleux contre l'obscurantisme intégriste. Des centaines d'entre elles ont été assassinées au cours des dernières années, notamment en Algérie et en Iran.

Les femmes sont également largement majoritaires dans la plupart des organisations populaires et autres organismes communautaires au Québec. La même situation existe dans les autres sociétés industrielles et dans les pays du Tiers-Monde.

Les femmes occupent aussi une place importante dans les organisations syndicales et coopératives, mais leur présence aux postes de direction est plus faible que ne l'exigerait leur nombre. Par ailleurs, la sous-représentation des femmes à la direction des partis et des gouvernements constitue un problème éthique majeur, tant pour les démocraties libérales que pour les sociétés qui se réclament du socialisme.

L'éthique féministe repose sur une évidence dont la signification ne saurait faire de doute: les femmes reproduisent l'espèce. S'appuyant sur ce fait incontestable, elles réclament donc le droit de contrôler leur corps et le rythme de reproduction. Il s'agit là d'un pouvoir absolu, sans doute le plus puissant que l'on puisse imaginer, puisqu'il s'agit du pouvoir de réguler le développement démographique. Une éthique fondée sur une telle prérogative entraîne nécessairement une très lourde responsabilité non seulement pour les femmes, mais aussi pour la société dans son ensemble qui doit garantir à celles-ci des conditions favorables à l'exercice de cette responsabilité particulière.

L'éthique féministe me semble traversée par cette contrainte. Dans une certaine mesure, c'est ce qui la détermine. C'est sa force. Mais c'est aussi sa faiblesse, car cette éthique se heurte déjà à une révolution majeure qui découle de l'avènement de l'ère des technologies de reproduction et de procréation médicalement assistée. On devine facilement les conséquences du progrès scientifique dans ce domaine. D'ailleurs, plusieurs féministes ont commencé à analyser les effets de cette révolution affectant la reproduction de l'espèce et elles mènent une lutte difficile pour contrecarrer un complexe scientifique fortement engagé dans l'industrie de la reproduction médicalement assistée.

L'éthique féministe s'alimente aussi à une culture du rapport à l'autre basée sur la fonction matriarcale. Non seulement les femmes ont-elles assuré la perpétuation de l'espèce en donnant le jour à de nouvelles générations, mais elles en ont aussi assuré l'entretien et l'éducation. Encore là, les femmes ont historiquement assumé une très lourde responsabilité puisque cette fonction leur a permis de jouer un rôle déterminant dans la constitution de l'humanité. L'humanité des individus, c'est beaucoup une affaire de femmes. Aussi ne faut-il pas s'étonner que des militantes féministes défendent avec acharnement nos valeurs et soient les plus ardentes promotrices d'un espace normatif qui leur donne du sens.

L'éthique communautaire

L'éthique communautaire est le produit des pratiques d'action communautaire. Elle reflète une conception des rapports humains et des rapports sociaux qui s'articulent autour d'un certain nombre de valeurs repérables: respect, autonomie, solidarité, égalité, équité, réciprocité, démocratie, justice. L'adhésion à ces valeurs fonde aujourd'hui l'engagement d'un grand nombre de personnes qui, en tant que militants, de bénévoles ou de salariés, s'activent dans divers organismes, répartis dans tout le Québec.

L'éthique communautaire emprunte aux courants éthiques décrits précédemment. Elle se caractérise cependant par l'affirmation que la communauté constitue le lieu par excellence d'engagement. L'éthique communautaire reprend à son compte l'idée que si l'on doit certes penser globalement, c'est à l'échelle locale qu'il faut agir.

La communauté est ici considérée dans son sens large, la notion désignant le fait de personnes qui partagent une commune identité, laquelle peut être géographique, mais aussi ethnique, linguistique, sexuelle. Cette identité peut encore se définir en fonction de l'âge, de la situation économique, du handicap, de l'origine ethnique, mais elle est le plus souvent plurielle.

L'éthique communautaire affirme le principe de l'interdépendance des personnes, sans laquelle la communauté ne peut exister. Cette interdépendance est la base objective de l'engagement. Dans les faits, les membres d'une communauté locale sont tous logés à la même enseigne, et cette proximité d'intérêt contribue à la résolution ou à l'atténuation de certains conflits entre les individus et les groupes sociaux.

L'engagement communautaire des personnes est légitimé par le désir de travailler collectivement à résoudre une situation problématique ou à en atténuer les effets les plus négatifs. C'est un acte de solidarité. Cet engagement couvre la plupart des secteurs de la vie: santé, logement, alimentation, services de garde, protection et défense des droits, etc. Il se réalise en fonction de trois axes d'intervention interreliés: la prestation de services, l'éducation populaire et la revendication sociale.

Les valeurs défendues par l'éthique communautaire se normalisent concrètement par des formes organisationnelles adaptées aux besoins et à la réalité de milieux parfois différents. Sur le plan social, des regroupements de personnes affectées par un même problème, ou subissant des contraintes particulières à leur état, se constituent: personnes handicapées, locataires, prestataires de l'aide sociale. D'autres regroupements défendent les intérêts de groupes sociaux particuliers: personnes âgées, jeunes, femmes... Sur le plan économique, on assiste à la mise en place d'un réseau de corporations de développement économique communautaire qui réunit des représentants de tous les groupes sociaux au-delà de leurs intérêts immédiats. Ce type de regroupement, inimaginable il y a vingt ans, reflète une conception de l'activité économique fondée sur la solidarité propre à l'éthique communautaire. Dans d'autres circonstances, la communauté appuie des initiatives socioéconomiques novatrices, comme les coopératives de jeunes travailleurs.

La culture n'échappe pas à ce désir d'assumer la responsabilité du développement communautaire et de la qualité du tissu social. Ainsi, des comités de la culture et des regroupements à caractère culturel, animés la plupart du temps bénévolement par des membres de la communauté, se créent ici et là, dans les quartiers des grandes villes et dans les villages, afin de favoriser l'expression culturelle locale.

L'action dans le domaine de l'environnement exprime bien l'éthique communautaire. Dans ce seul domaine, près de 600 groupes au Québec luttent pour que l'environnement ne soit pas irrémédiablement détérioré. Ils incitent les individus et les institutions à repenser leur mode de consommation et de production, à accomplir des actions qui font appel à une conscience quotidienne de leur responsabilité: recyclage, économie d'énergie, préservation de la qualité de l'eau, etc. L'action communautaire en environnement actualise des valeurs comme le respect, l'autonomie, la responsabilité, la solidarité. Si elle transcende les rapports de classes, elle permet aussi de dégager la contradiction qui existe entre la recherche du profit et celle de la qualité de la vie. Elle illustre enfin la possibilité de combiner l'action locale avec une préoccupation plus large, qui dépasse les frontières d'un territoire particulier et les intérêts générationnels.

L'éthique communautaire s'exprime dans la proximité. Elle traduit le besoin des individus d'agir dans un contexte sur lequel ils peuvent avoir prise. Le quartier ou le village est une réalité concrète. Cette sensibilité renforce la responsabilité de chacun à l'égard de l'autre et stimule le désir de rendre service.

L'éthique communautaire propose également une autre conception du pouvoir, fondée sur l'expression d'une citoyenneté active. Cela signifie que la communauté offre une possibilité réelle d'engagement pour tous les individus, sans considération de leurs moyens financiers ou de leur position sociale. Cette perspective, qui fait de tout individu un véritable sujet social et politique, ne peut qu'influencer l'exercice de la démocratie. On observe d'ailleurs que les mouvements sociaux organisés sont devenus des acteurs incontournables dans la plupart des sociétés démocratiques. Au Québec, leur participation aux grands événements de notre vie nationale, comme les sommets socio-économiques, les consultations de l'État, les états généraux tenus sur d'importants sujets, est devenue un phénomène qui tend à se consolider d'année en année.

L'éthique communautaire reflète une certaine conception de la vie en société. Et à un moment où l'État se retire d'un nombre significatif de secteurs, cette éthique est d'autant plus nécessaire. Ainsi, la nouvelle répartition des ressources dans le secteur de la santé ne pourrait se réaliser sans que la communauté accepte de «prendre en charge» certains services essentiels à la qualité de la vie des personnes. On verra plus loin que cette nouvelle situation a des répercussions sur la cohérence de cette éthique communautaire.

Je l'ai dit, les personnes qui s'engagent dans leur communauté soutiennent l'idée que la vie démocratique se réalise d'abord localement, car c'est ce milieu qui offre la meilleure prise à la participation directe des citoyens. Le local est ici considéré comme l'espace idéal de l'action et du développement social. Cela s'accorde avec le principe si populaire aujourd'hui de la décentralisation des pouvoirs. Cela a conduit également à cette espèce d'*aggiornamento* qui constitue la base d'une certaine reconnaissance par l'État de l'utilité sociale des organismes communautaires.

Sans nier l'existence de contradictions importantes et de conflits entre les groupes sociaux, l'éthique de l'engagement communautaire se veut consensuelle. Elle propose une démarche qui, s'appuyant sur des valeurs sociales et humaines largement partagées, tente de rallier le grand nombre. Dans certaines circonstances exceptionnelles, des critères d'affiliation à caractère idéologique sont néanmoins formulés. Ainsi, un centre de femmes n'établit pas de distinction de classe entre les femmes; cependant, comme on peut le constater dans le document d'entente politique de l'R des centres de femmes, une adhésion de principe à l'idéologie féministe est fortement recommandée. En d'autres circonstances, un courant idéologique implicitement dominant est dans les faits une entrave à l'affiliation, sans pour autant constituer un empêchement formel.

Cette contrainte idéologique n'est pas contraire à l'éthique de l'engagement communautaire puisqu'elle n'empêche nullement les individus de se regrouper sur d'autres bases idéologiques s'ils le jugent utiles. À la limite, des groupements qui poursuivent les mêmes objectifs particuliers sans partager la même perspective idéologique et politique peuvent unir leurs efforts lorsque l'intérêt commun le commande. Par exemple, un regroupement d'obédience catholique peut très bien s'associer à des organismes d'idéologies différentes pour défendre l'importance de l'éducation populaire.

L'éthique communautaire possède donc ses traits distinctifs. Elle occupe une place de plus en plus importante dans notre société. Si elle présente le danger de se constituer en une idéologie — le «communautarisme» —

qui traduirait une certaine dérive «localiste» et égoïste du développement social, elle n'en répond pas moins au besoin important qu'ont les individus de se resserrer autour du milieu qui leur est le plus proche: le quartier, le village, la région.

Il est fort probable que la crise des finances publiques et le déplacement de responsabilités vers le «local» ont accentué le lien entre les personnes et leur milieu immédiat. Il est fort plausible aussi qu'une autre crise, qui porte celle-là sur la confiance envers les élus et les technocrates, aura pour effet de revaloriser le palier local de décision. Après tout, n'est-il pas le seul à offrir aux citoyens la possibilité d'une démocratie plus directe, plus vivante, plus dynamique, plus susceptible d'être soumise à un contrôle raisonnable?

CHAPITRE IV

Les lieux de l'engagement social et communautaire au Québec

Écrire l'histoire d'un peuple, c'est d'abord et avant tout reconnaître l'évolution de ce peuple à partir de l'action de ceux qui le constituent. La référence historique doit en effet tenir compte des hommes et des femmes qui, par leur seul engagement, bien souvent sans le rechercher ni s'en rendre compte, influent sur la nécessaire cohérence entre les valeurs qui nous sont chères et leur mode de normalisation. En étant des sujets actifs, ces personnes orientent le cours de l'histoire et laissent une empreinte parfois timide, parfois très nette.

L'histoire officielle garde bien peu de souvenir du passage des générations. Elle se contente de rappeler à notre mémoire les faits d'armes et les exploits, les grandes découvertes, les catastrophes et les cataclysmes. Pour bon nombre d'historiens, les femmes et les hommes ne sont que des figurants anonymes dont le rôle se limite à rehausser le prestige d'un grand général ou de celui que le hasard des armes ou le mauvais génie médiatique a placé à la tête d'un État.

Puisque cet essai porte sur l'éthique de l'engagement social, j'ai pensé qu'il serait utile de dessiner à grands traits la fresque de cet engagement chez nous. Peut-être comprendrons-nous alors un peu mieux en quoi l'engagement du citoyen contribue de façon significative à tisser la qualité de notre humanité et fonde la base de notre espoir en une société plus juste et plus en concordance avec l'idée qu'elle se fait d'elle-même.

Je propose d'examiner l'évolution de l'engagement social au Québec à la lumière de six secteurs majeurs d'engagement: les organismes de dépannage et de soins à domicile, le milieu communautaire autonome, le milieu politique, le milieu syndical, le milieu économique, le milieu institutionnel. Chacun de ces secteurs regroupe différents types d'organismes ou correspond à différentes formes d'organisation (*voir le tableau III*).

Ces secteurs d'intervention sont les vecteurs de plusieurs formes d'engagement social. Ils ne sont pas non plus exclusifs. Par exemple, l'engagement dans le secteur de la santé et de la sécurité au travail peut rejoindre l'activité autant syndicale que communautaire et exprimer la continuité de l'action d'acteurs sociaux qui circulent d'un lieu à l'autre. Je pense ici au syndicaliste Michel Chartrand et à son engagement exemplaire à la Fondation d'aide aux travailleuses et travailleurs accidentés (FATA), à la CSN et ailleurs.

Ce découpage n'est certes pas le seul possible. Il offre cependant l'avantage de voir la diversité des lieux d'engagement et montre que l'expression de la responsabilité sociale des citoyens prend des formes multiples, touche un grand nombre d'aspects de la vie et répond à de multiples besoins sociaux.

Tableau III. Les lieux de l'engagement social et communautaire

Les organismes de dépannage et de soins à domicile:
- services bénévoles de soins à domicile;
- centres d'action bénévole;
- banques alimentaires;
- banques de jouets, de meubles et de vêtements usagés;
- popotes roulantes.

Le milieu communautaire autonome:
- groupes communautaires de services et d'éducation populaire incluant certains services autogérés comme les cuisines collectives;
- groupes de défense des droits;
- groupes de femmes;
- comités de citoyens;
- regroupements régionaux et nationaux d'organismes communautaires.

Le milieu politique:
- partis politiques;
- mouvements sociopolitiques.

Le milieu syndical:
- syndicats;
- associations volontaires de type syndical;
- certains ordres professionnels.

Le milieu économique:
- coopératives d'épargne et de crédit;
- corporations de développement économique communautaire;
- coopératives de consommation: logement, alimentation, etc.
- coopératives de travail;
- groupes communautaires de services.

Le milieu institutionnel:
- comités d'école;
- CLSC et autres établissements publics;
- commissions et comités locaux, régionaux et nationaux.

Pour les fins de cet ouvrage, mais en admettant volontiers leur utilité, j'ai exclu de cette grille les clubs sportifs et de loisirs, le scoutisme et l'hébertisme, les groupes religieux et les organismes voués à l'action philanthropique, comme les associations de soutien aux victimes de maladies graves et aux chercheurs qui tentent d'en percer les mystères.

Les organismes de dépannage et de soins à domicile

Ces organismes jouent un rôle majeur dans notre vie collective. Ils continuent l'action caritative que menaient jusqu'à tout récemment les communautés religieuses et, dans une bonne mesure, les familles. Plusieurs de ces organismes sont d'ailleurs toujours animés par des religieux ou des laïques liés à l'institution ecclésiale. Après avoir connu une éclipse au cours des deux dernières décennies, certains de ces organismes, comme la Saint-Vincent-de-Paul, ont repris leurs activités, particulièrement dans le secteur du dépannage alimentaire et la distribution des «paniers de Noël».

À un moment où l'État dispense de moins en moins de services alors qu'un nombre croissant d'individus en ont de plus en plus besoin, entre autres à cause de l'âge, de la pauvreté, de la situation familiale, de la maladie, de l'isolement, etc., ces organismes constituent des ressources d'appoint indispensables.

Plus encore, le «virage ambulatoire», qui accompagne la réorganisation des établissements du réseau de la santé, commande la mise en place et la consolidation de ressources communautaires capables de rendre des services de toute première ligne et de toute première nécessité, particulièrement en matière de soins à domicile.

Il ne faut donc pas s'étonner qu'un nombre important de personnes s'engagent, la plupart du temps à titre bénévole, dans des activités communautaires axées sur le dépannage des personnes pauvres (banques alimentaires, comptoirs de vêtements usagés, banques de jouets et de meubles usagés), sur les services et les soins à domicile (repas, entretien ménager, soins corporels, soins infirmiers) et les services d'accompagnement (examens de routine, sorties, magasinage). Dans bien des cas, ces activités sont instaurées et encadrées par des centres d'action bénévole dont l'activité s'étend à toutes les régions du Québec.

De façon générale, l'éthique qui sous-tend le travail de ces groupes se réfère à des valeurs comme la charité, la compassion, l'entraide, toutes valeurs assimilées à une forme plus traditionnelle d'engagement social. Le langage courant parlera ici de «démunis», de «basses classes», de «laissés-pour-compte», de «défavorisés», voire de «petites gens». L'éthique chrétienne caritative est encore largement répandue dans ces milieux qui mettent l'accent plus sur le service aux pauvres que sur la dénonciation des causes de la pauvreté, qui s'attachent en somme à la gestion des effets au lieu de dénoncer les causes des inégalités ou des différentes formes d'oppression subies par les personnes qui s'adressent à eux. Ainsi, on convoquera plus volontiers les médias pour faire état des tonnes de nourriture récupérées auprès de diverses entreprises alimentaires et distribuées gratuitement aux pauvres que pour blâmer le gaspillage éhonté qui caractérise notre société de consommation.

Les médias accordent d'ailleurs une attention bien-veillante à ce genre d'organismes qui remettent rare-ment en question l'organisation de la société et pri-vilégient une approche faisant appel à la compassion des mieux nantis pour les plus pauvres. Ainsi, à l'ap-proche de Noël, la guignolée devient l'occasion de battages publicitaires animés par des vedettes de la scène ou par les médias. À d'autres périodes de l'année, des campagnes de financement seront placées sous le patronage d'artistes connus. Dans certaines circons-tances, on verra même d'importants chefs d'entreprise et des professionnels renommés s'associer à des activités dont l'objectif est d'atténuer les effets d'injustices et d'une inégalité dont ils savent pourtant si bien s'accom-moder quand il s'agit de préserver leurs privilèges.

Depuis quelques années, ces organismes de services participent volontiers aux différents projets dits «de développement de l'employabilité» mis en œuvre par les gouvernements fédéral et québécois. Dans les faits, il s'agit là d'une activité secondaire. Cependant, elle prend de plus en plus d'importance dès lors que les prestataires de l'aide sociale se voient contraints de participer à ces projets afin de favoriser leur retour au travail, faute de quoi, faut-il le rappeler, leurs presta-tions sont réduites.

La gestion démocratique de plusieurs de ces orga-nisations semblent également poser parfois problème. Dans bien des cas, les conseils d'administration sont formés de notables, en fait des prête-noms, plus ou moins coupés de l'action ainsi que d'une direction administrative appliquant des méthodes de gestion semblables à celles de l'entreprise privée. On peut aussi s'interroger sur l'efficacité à moyen terme de pratiques

caritatives de type communautaire qui sont à peu près
dépourvues d'intention éducative.

Il reste que les organismes communautaires de services et de soins à domicile sont des lieux d'engagement social qui, à ce titre, offrent à plusieurs personnes
la possibilité d'exercer leur responsabilité et d'affirmer
leur solidarité avec les plus pauvres.

Il importe enfin de souligner, même si ce n'est pas
le fait de la majorité d'entre eux, que plusieurs de ces
organismes tiennent un discours social relativement
critique et épousent parfois les préoccupations des
groupes communautaires autonomes. C'est le cas, par
exemple, de plusieurs centres d'action bénévole et de
certaines banques alimentaires.

Le milieu communautaire autonome

Nés avec la Révolution tranquille, les organismes
communautaires autonomes se situent au confluent
d'une tradition caritative progressiste et d'un type d'activités privilégiées par les militants de la gauche
socialiste. Il est important de le rappeler, car avec le
triomphe du néolibéralisme, il s'en trouve pour avancer
l'idée que certaines organisations de la nouvelle droite
seraient aussi des organismes communautaires autonomes. Idée on ne peut plus contestable, car ce qui mo-
tive les activités dites communautaires autonomes,
c'est, entre autres, un désir de changement social plus
ou moins radical, mais basé sur des valeurs telles que
l'égalité entre les individus, l'équité, la justice, le
respect des personnes, le partage de la richesse collective et l'autonomie.

Une certaine éthique de la solidarité humaine caractérise en somme les organismes communautaires autonomes. Les organisations de la *moral majority* sont, quant à elles, plutôt portées à rendre l'individu responsable de son sort et récusent à l'avance toute idée de changement social. Elles encouragent le renforcement et la domination d'une bourgeoisie d'affaires que l'appétit de profits rend aveugle à l'énorme gâchis social qu'elle provoque et sourde à la clameur publique qui dénonce cette irresponsabilité.

Les organismes attachés à la *moral majority* considèrent qu'il faut récompenser le succès apparent, particulièrement celui des entreprises dites créatrices d'emplois, et contraindre les pauvres à se «prendre en main». Ce discours, qui rend responsables de leur sort les victimes d'un système économique inéquitable, connaît une vogue indéniable en nos temps de lourde incertitude. Ces organisations de la droite politique privilégient un développement de la société essentiellement fondé sur la réussite personnelle et pressent l'État d'abandonner son rôle d'instance régulatrice.

Le milieu communautaire autonome et les organismes populaires souhaitent au contraire que l'État assume pleinement cette fonction en assurant une redistribution équitable de la richesse collective par la mise en œuvre et le maintien de services universellement accessibles et par une fiscalité fondée sur l'équité. Ils préconisent en somme une forme d'État qui emprunte autant à la conception de l'économiste anglais William Beveridge, marquée par un impératif de solidarité sociale, qu'à celle du révolutionnaire et penseur politique Thomas Paine, qui fait appel à l'équité et à la démocratie.

Les organisations de la droite idéologique proposent plutôt un rapetissement du rôle de l'État au
profit de l'entreprise privée. Selon les néolibéraux, les
individus devraient plutôt s'en remettre à des contrats
passés avec des compagnies d'assurances pour se pré-
munir contre les mauvais coups du sort. Cette conception, qui fut défendue notamment par Bismarck[1], un
homme d'État prussien, s'exprime particulièrement aux
États-Unis, où la réaction contre l'universalité des services est très vive, comme on a pu le constater durant
la campagne menée par Hillary Clinton en vue de
doter son pays d'une politique d'assurance-maladie universelle. Aux yeux de cette droite, de telles pratiques
s'apparentent à un socialisme tout à fait haïssable. Au
Canada et au Québec, les néolibéraux reviennent
constamment à la charge avec des projets de privatisa-
tion de certains services rendus par l'État. C'est
d'ailleurs ce qui a poussé l'État québécois à vouloir
instaurer une assurance-médicament hybride, allouant
à l'entreprise privée la part rentable de cette mesure
sociale. Ce projet fut abandonné au profit d'un programme entièrement étatique quand les assureurs
privés firent la preuve de leur gloutonnerie en exigeant
des frais d'administration prohibitifs. La crise des caisses publiques de retraite fournit aussi l'occasion aux
«évangélistes» du grand capital de faire l'apologie des
régimes privés de pension, par opposition à une
présence étatique jugée non nécessaire ni souhaitable.

Le milieu communautaire autonome peut être seg-
menté en quatre types d'organismes: les groupes communautaires de services à la collectivité et d'éducation populaire, les groupes de défense des droits, les comités de
citoyens et les regroupements régionaux ou nationaux.

La notion de communauté est plurielle. Elle recouvre autant le territoire de résidence (quartier, ville, village), l'identité (sexuelle, ethnique, linguistique...), le groupe d'âge (retraités, jeunes...), le groupe social d'appartenance (prestataires de l'aide sociale, locataires, immigrants).

L'action menée par les groupes du milieu communautaire autonome est également plurielle. Elle touche un large spectre des problèmes qui affectent la population: violence, santé physique et mentale, alimentation, itinérance, consommation, logement, toxicomanie, racisme, éducation, etc. Cette action a aussi, dans certains cas, par exemple en ce qui concerne la protection de l'environnement, les droits et libertés et la coopération, des objectifs de solidarité internationale, concrétisant ainsi des exigences de responsabilité qui transcendent les nations.

De façon générale, les valeurs qui animent les personnes engagées dans les organismes communautaires autonomes se normalisent en fonction de trois axes d'intervention: la prestation de services, l'éducation populaire et l'action en vue de réformes sociales.

Ces trois axes d'intervention visent quatre grands objectifs: pallier l'absence, la piètre qualité ou l'insuffisance de certains services communautaires jugés essentiels; affirmer et élargir la portée des droits reconnus à l'ensemble de la population; concrétiser la nécessité d'une citoyenneté active comme fondement de la vie démocratique; favoriser l'élargissement des aires de dialogue civique.

Les organismes communautaires autonomes sont les lieux d'une action qui, dans une bonne mesure, s'approche de l'engagement politique. Il n'est qu'à voir la place de plus en plus importante qu'ils prennent dans les débats publics pour comprendre qu'ils constituent les ferments d'une culture démocratique d'un type nouveau.

La force de ces regroupements tient surtout à la légitimité de leur action et de leurs revendications. Dans les faits, ils proposent de pousser le plus loin possible notre quête de cohérence éthique et offrent l'occasion d'exprimer ce qu'il y a de meilleur chez l'être humain.

Laboratoires de nouvelles pratiques sociales, foyers d'incubation de professionnels et de politiciens plus éveillés aux problèmes réels de la société, les organismes communautaires autonomes sont, selon plusieurs de ceux qui y sont actifs, susceptibles de modifier la culture des milieux institutionnels, voire celle de l'entreprise privée.

Les pratiques de ces groupes constituent une dimension importante de ce qu'on appelle «l'économie sociale». À cet égard, il faut noter la place qui est désormais faite aux milieux sociocommunautaires à l'occasion des grandes consultations qui caractérisent la vie démocratique québécoise. Il faut aussi noter le rôle économique que certains réseaux communautaires semblent maintenant prêts à jouer. Mais est-il vrai que les ressources communautaires autonomes sont, avec les secteurs publics et privés, le troisième cheval de la troïka des moyens dont dispose une collectivité pour assurer la qualité de vie de ses citoyens?

Je suis personnellement sensible, du moins en partie, à cette vision des choses. En fait, depuis que l'État cherche à restreindre son rôle, une large fraction des ressources communautaires autonomes est appelée à prendre la relève et à fournir des services de toute première ligne aux individus. En outre, dans sa lutte contre le chômage, l'État considère que les organismes communautaires constituent d'éventuels «gisements d'emplois» susceptibles d'absorber un nombre significatif de personnes sans travail.

Cette conception de la fonction des organismes communautaires autonomes pose problème. Elle correspond à une interprétation douteuse et très partielle des finalités socioéthiques de ces organismes, qui sont à mon avis historiquement liées au développement et à la valorisation de l'individu à titre de sujet politique. Elle engendre aussi certains effets pervers comme un partenariat inégal, une bureaucratisation des pratiques, un encadrement de type institutionnel et l'apparition d'une «élite» du communautaire de plus en plus coupée de sa base et à la remorque du programme politique des gouvernements.

Ces inquiétudes se sont d'ailleurs manifestées éloquemment au cours du Colloque sur l'éducation populaire organisé par le Mouvement d'éducation populaire et d'action communautaire du Québec (MEPACQ), en octobre 1995. Elles sont également exprimées à l'étranger par d'importants organismes sociaux, comme le regroupement belge Solidarité des alternatives wallonnes. À titre d'enseignant, je recueille aussi les commentaires très critiques de mes étudiants dont plusieurs sont actifs dans ce type d'organismes à titre de stagiaires, de militants ou de bénévoles.

Quoi qu'il en soit, les groupes et organismes communautaires autonomes sont aujourd'hui des lieux majeurs d'engagement social. Leur importance se mesure notamment à l'intérêt qu'ils suscitent comme ressources alternatives, ou d'appoint, à celles de l'État. Bref, cette reconnaissance, toute bienvenue soit-elle, dissimule une stratégie de redistribution des responsabilités qui ne concorde pas nécessairement avec les objectifs et l'éthique qui sous-tendent l'action de ces organismes.

Les groupes communautaires de services

Les groupes communautaires de services dispensent des services directs aux personnes et les invitent à s'inscrire dans une démarche plus ou moins structurée d'éducation populaire et de transformation sociale. Ils se distinguent en cela des organismes plus traditionnels de services et de soins à domicile. L'intention est ici de rendre plus autonome l'individu aux prises avec différents problèmes. Dans les faits, la prestation de services constitue bien plus une porte d'entrée à l'action collective qu'une fin en soi. Ces groupes jouent un rôle important dans leur milieu et proposent souvent des réformes pertinentes et utiles.

Les groupes communautaires de services et d'éducation populaire sont généralement le produit de la nécessité ressentie par des individus de se regrouper pour défendre leurs intérêts ou exprimer leurs besoins. Autrement dit, ces groupes sont le produit de la volonté d'un milieu et non le résultat d'une action planifiée par une instance institutionnelle.

La première préoccupation des personnes actives dans ces groupes est l'atténuation des effets d'une difficulté particulière ou d'une forme spécifique d'oppression et d'exploitation. Elle dérive d'un besoin de solidarité.

Ces groupes sont administrés démocratiquement: soit par consensus, comme dans les collectifs, ou selon une formule de démocratie participative dont la qualité repose largement sur des activités de formation et sur la circulation de l'information auprès des membres. À un certain stade de leur développement, ils se donnent une «permanence», généralement issue du groupe lui-même (l'appartenance au groupe étant en principe une condition d'engagement). À un stade ultérieur, certains auront recours à des «professionnels» et adopteront un type de fonctionnement apparenté à celui des établissements publics. J'aborderai cette question plus loin.

Généralement, ces organismes sont regroupés au sein d'associations nationales de type fédératif et sont soutenus financièrement par l'État avec lequel ils entretiennent par ailleurs des relations plus ou moins conflictuelles.

Les groupes communautaires de services sont aujourd'hui l'objet d'un intérêt tout à fait particulier. L'État reconnaît leur apport à titre d'organisme d'utilité sociale à but non lucratif. Cette reconnaissance se traduit par des offres de partenariat institutionnel avec certains établissements publics comme les centres locaux de services communautaires (CLSC); les groupes sont ainsi invités à participer à des tables sectorielles où se discute la planification de la prestation des services dans une communauté donnée. Cette reconnaissance s'exprime aussi par un financement récurrent accordé par les régies régionales de la santé et des services sociaux en fonction de certaines priorités d'intervention. Ces groupes sont souvent assez spécialisés et interviennent auprès de «clientèles» ou dans des secteurs précis: femmes, jeunes, santé mentale, soins à domicile, violence, toxicomanie, etc.

Avec la réorganisation du réseau de la santé, et dans le cadre de la lutte au déficit budgétaire, les organismes communautaires sont invités, quand ce n'est pas, plus ou moins subtilement, conscrits, à jouer un rôle de plus en plus important dans la prestation des services à la population. À cet effet, on peut observer une tendance à la restructuration de certains réseaux regroupant ce type d'organismes, opération qui serait conséquente à celle qui a cours dans le secteur public.

Cette redéfinition confirmerait le changement de nature de ces groupes, ceux-ci devenant dans les faits des ressources communautaires de type institutionnel, soumises au processus de planification sociale déterminé par l'État. Elle correspond aussi à un repositionnement dont l'objectif avoué est de s'assurer l'accès aux ressources financières allouées par l'État, en fonction de priorités déterminées par les régies régionales. Cette nouvelle réalité n'est pas sans soulever un certain nombre de questions, concernant notamment le respect de l'autonomie des groupes communautaires et leur cohérence éthique.

Les groupes de défense des droits

Les groupes de défense des droits offrent des services de consultation et d'accompagnement à des populations dont les droits sont menacés par des pratiques administratives contraignantes ou incohérentes. Cette catégorie d'organismes communautaires rejoint d'importants segments de la population, comme les prestataires de l'aide sociale et de l'assurance-chômage, les personnes âgées et retraitées, les immigrants, les gays et les lesbiennes, les locataires, les personnes handicapées, les consommateurs, les victimes de violence conjugale, les détenus, etc.

Depuis plusieurs années, une forte proportion de ces groupes, notamment ceux qui sont voués aux prestataires de l'aide sociale et de l'assurance-chômage, se voient contraints à de dures luttes défensives visant à préserver des acquis nettement fragilisés. Les organisations de défense des personnes à la retraite font maintenant face à la même situation.

Il apparaît d'ores et déjà clair que la défense des droits constituera un champ particulièrement important d'intervention au cours des prochaines années. Rien de ce que l'on considérait comme acquis ne peut échapper aux effets conjugués de la réévaluation du rôle de l'État et de la crise des finances publiques.

Par l'entremise d'activités d'éducation populaire, ces organismes informent les individus des droits humains et sociaux qui leur sont reconnus ainsi que des règles d'application de ces droits. Ce sont aussi des groupes de pression non négligeables. Ils font une lutte systématique aux préjugés répandus dans la population. Leur action se fonde sur l'*a priori* éthique que les individus sont des sujets et qu'à ce titre ils sont capables de s'autodéterminer. Cette action rejoint donc nécessairement le politique.

Ces groupes de défense sont formés de personnes qui se définissent comme militantes. À l'instar de la plupart des autres organismes communautaires, ils sont gérés démocratiquement par une assemblée de membres qui confèrent au groupe légitimité et représentativité.

Généralement, les groupes de ce type sont soutenus financièrement par des organismes comme Centraide ainsi que par des communautés religieuses. L'État les subventionne, dans la mesure où leurs activités d'éducation populaire sont reconnues par le ministère de l'Éducation. Mais la rareté des subsides les oblige à concevoir diverses activités de financement.

Les groupes de défense des droits sont le produit d'une société libérale qui accorde une grande importance aux droits individuels. Leur tâche est de définir une position qui conjugue les droits de la personne avec ceux de la collectivité. Cette tâche est d'autant plus grande que, sous l'effet de l'importante crise sociale et économique que nous traversons, les droits de certaines catégories d'individus, notamment les prestataires de l'aide sociale, sont battus en brèche par l'État, lequel peut compter sur un important appui populaire.

Les groupes de femmes

Il m'apparaît essentiel d'accorder une attention toute particulière à l'engagement des femmes dans des centaines de groupes et d'organismes communautaires essentiellement voués à la défense de leurs intérêts et très actifs partout au Québec. Le mouvement des femmes constitue sans aucun doute un des lieux majeurs d'engagement social. Ce mouvement rallie une quinzaine de regroupements nationaux dont plusieurs se réclament officiellement et ouvertement du féminisme.

Les groupes locaux qui constituent la base du mouvement des femmes interviennent dans une multitude de secteurs: violence, santé, éducation, emploi, services de garde, droits sociaux, culture, etc.

Né vers le milieu des années soixante-dix, à la suite de l'action de militantes associées à la gauche politique et culturelle, le mouvement des femmes a connu une progression rapide. Il compte aujourd'hui plus de

1200 groupes locaux dont le potentiel mobilisateur s'est exprimé avec éclat lors de la désormais célèbre marche contre la pauvreté des femmes qui s'est tenue en juin 1995 sous le thème «Du pain et des roses».

Le mouvement des femmes est aujourd'hui un interlocuteur recherché par le pouvoir politique. Si ses activités sont d'abord axées sur la prestation de services et sur l'éducation populaire, l'action sociale menée par certains des regroupements qui le composent illustre également la possibilité d'une action politique en dehors des cadres partisans traditionnels.

Le mouvement des femmes québécois est reconnu comme un des plus articulés, des mieux organisés et des plus dynamiques au monde. On ne s'étonnera donc pas qu'il ait réussi à tisser avec plusieurs mouvements similaires dans d'autres pays des liens de solidarité relativement étroits.

Le mouvement des femmes est sans doute la plus importante force communautaire au Québec. Ses porte-parole sont éloquentes et crédibles. Ignorant les distinctions de classes, il rejoint annuellement des centaines de milliers de personnes. Il revendique une nuée de mesures d'une indéniable légitimité: équité salariale, lutte contre la pauvreté des femmes et contre la violence sexuelle et conjugale, augmentation du salaire minimum, élargissement des services de garde, accès à tous les métiers et professions, participation plus grande au pouvoir politique et économique, etc. La légitimité des revendications portées par le mouvement des femmes fait sa force.

Les comités de citoyens

Fait à noter, la plupart des analystes des pratiques sociales n'accordent aujourd'hui que très peu d'intérêt aux comités de citoyens. Cela est plutôt curieux quand on sait l'importance qu'a eue cette forme de regroupement dans l'évolution de la dynamique sociale et politique québécoise à partir des années soixante. Au risque de me tromper, j'émets quant à moi l'hypothèse que le désintérêt des sociologues et autres analystes sociaux coïncide avec une conception utilitariste de l'engagement social, presque essentiellement centrée sur la santé et les services sociaux ainsi que sur l'économie plutôt que sur la démocratie politique. Il y a là matière à de nombreuses études critiques...

Les comités de citoyens sont des groupes d'individus formés pour faire obstacle aux effets d'une situation problématique ponctuelle dont ils sont les victimes. Le caractère ponctuel de cette situation est ici particulièrement important. Les comités de citoyens ont été les premiers lieux de l'engagement social des personnes au cours des trente-cinq dernières années. Cette appellation fut remplacée au cours des années soixante-dix par celle de «groupes populaires»; elle a été remise à la mode au milieu des années quatre-vingt, particulièrement en région.

Dans l'ensemble, les comités de citoyens sont des regroupements démocratiques fondés sur une assemblée générale de membres actifs. Ils se forment autour d'un enjeu précis et disparaissent lorsqu'ils ont atteint leurs objectifs. L'action des comités de citoyens est très formatrice, dans la mesure où elle permet à une population de mieux apprécier une situation particulière.

Les comités de citoyens se forment toujours autour d'enjeux locaux ou sous-régionaux. Souvent, ils sont le produit d'une volonté d'opposition à une administration municipale ou scolaire jugée inadéquate, incompétente ou carrément despotique. À l'occasion, ils s'opposeront à l'État.

Depuis une quinzaine d'années, des comités de citoyens se constituent dans le but de mener des luttes liées à l'environnement: refus d'une usine de traitement de déchets toxiques, protection d'un plan d'eau, critique d'un procédé de production, etc. D'autres ont dénoncé le favoritisme politique et les pratiques douteuses de certaines administrations publiques, particulièrement dans les secteurs municipal et scolaire.

Les comités de citoyens fonctionnent généralement selon le principe de la démocratie directe. Les porte-parole de ces comités tirent leur légitimité de l'importance du nombre de leurs adhérents, de l'appui de l'opinion publique et de la pertinence de leurs revendications.

À cause de leur fonction d'opposants et de la possibilité d'expression qu'ils offrent à de nouveaux acteurs politiques, les comités de citoyens sont souvent des lieux où se forgent les futurs pouvoirs locaux. Cela n'est pas sans engendrer quelques problèmes, notamment le problème de l'opportunisme politique.

Ces comités sont soutenus financièrement par leurs membres et par la communauté. Ils ne reçoivent généralement pas de subsides gouvernementaux, ce qui leur laisse une bonne marge de manœuvre.

Les regroupements nationaux

Conséquemment à la rapide expansion des réseaux de groupes communautaires, des regroupements nationaux se sont formés pour répondre à un besoin de coordination et de cohérence. À l'heure actuelle, on en compterait une soixantaine au Québec.

Ces regroupements, de type fédéral ou confédéral, représentent des groupes locaux actifs dans plusieurs champs d'intervention: la santé physique et mentale, la violence, la consommation, la protection de l'environnement, la solidarité internationale, les droits sociaux, le logement, le bénévolat, l'alimentation, l'éducation populaire et l'alphabétisation, etc. Ces organismes rejoignent des groupes sociaux précis: les femmes, les jeunes, les personnes âgées, les familles monoparentales, les hommes violents, les personnes handicapées, les locataires, les analphabètes, etc.

Ces regroupements sont d'ordinaire administrés par un conseil d'administration formé de représentants des organismes affiliés. Ils sont dotés d'une permanence qui, en principe, remplit un mandat qui lui est confié par les membres.

Les regroupements nationaux, ou «provinciaux», comme certains ont malheureusement choisi de se qualifier, jouent un rôle de plus en plus important sur le plan politique. Leur permanence est généralement confiée à des personnes ayant une formation professionnelle de niveau universitaire: avocats, travailleurs sociaux, spécialistes en communication, politologues, sociologues, médecins et autres professionnels de la santé, enseignants, psychologues, etc.

Ces groupes sont reconnus comme des interlocu-
teurs privilégiés, tant par les institutions politiques que
par la technostructure. Ils sont régulièrement consultés
par les ministères, les agences gouvernementales et les
chercheurs universitaires, avec lesquels ils entretiennent des relations étroites.

Les organismes nationaux sont formés à des fins de
représentation et de coordination des activités à
l'échelle nationale. On y retrouve des personnes remar-
quablement bien informées dans leur champ d'intérêt
propre. Ces organisations sont d'importants incuba-
teurs pour le renouvellement de la technostructure étatique et du personnel politique. Certains dirigeants de
ces organismes font d'ailleurs figure de personnages
politiques majeurs et siègent aux côtés des représentants patronaux et syndicaux dans les rencontres au
sommet organisées par le premier ministre.

Les organismes nationaux se réunissent de plus en
plus souvent pour définir des stratégies relativement à
des préoccupations ou des problèmes communs: formu-
lation d'une grille d'évaluation de leurs activités afin de
satisfaire aux exigences des bailleurs de fonds, notamment de l'État; adoption d'une stratégie concertée, par
exemple en matière de financement et de lutte à la
pauvreté; élaboration de cahiers de revendications,
comme ceux de la Coalition nationale des groupes de
femmes et du Regroupement des ressources alternatives
en santé mentale, etc. Ils se qualifieront alors de
«tables» sectorielles ou intersectorielles. Ce type d'associations ou de coalitions vise essentiellement à faire
front commun face aux bailleurs de fonds ou à assurer
la plus grande cohérence possible en ce qui concerne
les pratiques.

Les organismes nationaux de représentation des groupes communautaires sont l'expression d'une solidarité qui dépasse les frontières locales et régionales pour s'ancrer dans une perspective vraiment nationale, voire internationale. On ne peut que s'en réjouir.

Ils sont aussi une réponse à la nécessité d'harmoniser les pratiques tant en ce qui concerne leur cohérence éthique qu'en ce qui a trait à leur cohérence administrative. C'est pour cette raison que ces organismes nationaux proposent à leurs membres des critères d'adhésion et des normes de fonctionnement qui ont un caractère plus ou moins impératif. Certains se fixent, comme c'est le cas pour l'R des centres de femmes du Québec, des lignes de conduite et formulent des propositions idéologiques et axiologiques qui guident l'action des membres. D'autres, à l'instar du Regroupement provincial des organismes communautaires d'assistance et d'accompagnement aux plaintes, se sont même donné la peine d'élaborer un code d'éthique qui souligne les valeurs devant orienter leur intervention et la manière de leur donner du sens dans l'action.

La multiplication des regroupements nationaux signale la force des organismes communautaires, leur importance de plus en plus grande dans la société civile et à titre d'acteurs sociopolitiques. Elle signale aussi une dynamique organisationnelle qui, malgré tout, connaît certaines défaillances.

En effet, ces organismes sont souvent soumis aux tensions inhérentes à leur rôle. Ainsi, il peut être difficile d'assurer un sain exercice de la démocratie quand les membres d'un regroupement national sont des représentants d'organismes qui, eux, doivent leur loyauté à des membres individuels dont l'assemblée est souveraine. La circulation de l'information à tous les niveaux d'une organisation pose aussi problème, de même que le maintien de l'autorité des membres constituant la base organisationnelle. En outre, le risque existe qu'à force de côtoyer le pouvoir, les ténors et les sopranos des organisations nationales ne finissent par se laisser piéger dans ses filets et adoptent des comportements élitistes. Et cela sans parler des glissements possibles qui amèneraient les organismes nationaux à une éthique technocratique, tant sur le plan discursif que sur le plan organisationnel. À cet égard, le glissement clientéliste est des plus inquiétants.

Le milieu politique

Qui pourrait contester que les partis et mouvements politiques constituent des lieux majeurs d'engagement social? Ils sont non seulement des lieux privilégiés de militantisme pour un très grand nombre d'individus, mais aussi des destinations obligées et naturelles pour un nombre important de personnes qui se sont impliquées dans des syndicats, des coopératives et des organismes communautaires.

La dynamique de l'engagement dans les partis et mouvements politiques structurés est évidemment bien différente de celle des autres formes d'engagement. Le militant d'un parti politique est tenu à une discipline partisane qui peut être très rigoureuse lorsque les enjeux sont majeurs. Ainsi, une fraction minoritaire du Parti libéral du Québec, avec à sa tête Mario Dumont et Jean Allaire, a dû quitter ce parti à la suite d'un profond désaccord sur l'avenir politique du Québec. À la fin des années soixante, René Lévesque et un certain nombre de libéraux progressistes avaient quitté le même parti en raison d'un désaccord irréconciliable en matière constitutionnelle. L'actuel premier ministre du Québec, Lucien Bouchard, a laissé le Parti conservateur du Canada, au début des années quatre-vingt-dix, pour les mêmes motifs. La question constitutionnelle hante donc les partis politiques depuis fort longtemps.

Au palier municipal, on connaît la lente désagrégation du Rassemblement des citoyennes et des citoyens de Montréal (RCM), causée par des désaccords plus ou moins profonds sur la stratégie politique, les objectifs sociaux et le mode de gestion. Et depuis son élection, le parti municipal Vision Montréal est en proie au déchirement parce que plusieurs membres ne peuvent plus s'entendre avec son chef, le maire Pierre Bourque.

Alors que l'action syndicale, on le verra plus loin, et l'action communautaire expriment la responsabilité des individus les uns envers les autres, et qu'elles portent certaines exigences de solidarité sociale fondée sur le partage d'une même problématique, l'engagement politique est d'un autre ordre. Ce dernier possède, bien sûr à des degrés divers, certaines des caractéristiques des autres formes d'engagement, mais il possède aussi ses propres particularités qui sont souvent fort différentes de celles qui caractérisent les milieux de l'action syndicale ou communautaire.

Cela dit, il faut quand même établir une distinction entre l'engagement des individus dans le cadre d'un parti politique et dans le cadre d'un mouvement politique.

Les partis politiques

À de rares exceptions près, l'objectif premier d'un parti politique est l'accession au pouvoir. Dans certains cas peu fréquents, comme celui du Bloc Québécois, le parti disparaîtra dès que sera atteint l'objectif particulier qui l'a fait naître, ici l'accession du Québec à la souveraineté.

La dynamique qui conduit un parti au pouvoir suppose la conciliation d'intérêts multiples et souvent opposés. Cette conciliation se réalise généralement sur la base d'un programme politique, mais aussi, mais surtout diront certains, autour de la personne du chef. L'unanimité faite autour de l'actuel premier ministre du Québec, Lucien Bouchard, au moment de sa nomination à titre de chef du Parti Québécois, laquelle n'est pas sans rappeler parfois l'autorité absolue de Maurice Duplessis, constitue une des plus évidentes illustrations de ce phénomène. En France, le crédit dont disposait François Mitterrand ne le cède qu'à celui dont pouvait se prévaloir Margaret Thatcher, la «dame de fer» britannique. Il s'en trouve même pour se souvenir avec émotion et nostalgie de Staline, le «p'tit père des peuples» et de Mao, le «grand timonier» à qui l'on doit l'invention du goulag. La personnalité du «Chef» est, dans l'action politique partisane, un facteur déterminant d'engagement.

De plus, l'engagement politique partisan représente, pour plusieurs, une avenue qui conduit à l'obtention d'emplois liés à l'exercice du pouvoir: conseiller politique, sous-ministre, responsable de société d'État, quand ce n'est pas à des sinécures grassement rémunérées, comme la fonction de sénateur. La réflexion de Max Weber à ce sujet est toujours d'actualité:

Les militants, et surtout les fonctionnaires et les entrepreneurs du parti, attendent naturellement du triomphe de leur chef une compensation personnelle: des postes ou d'autres avantages. Ce qui est déterminant, c'est qu'ils les attendent du chef et non pas, ni uniquement, des parlementaires. Ils espèrent avant tout qu'au cours de la campagne électorale, l'influence démagogique de la personnalité du chef leur procurera des voix et des mandats et qu'elle leur ouvrira ainsi les portes du pouvoir, de sorte que les militants auront les plus grandes chances d'obtenir la récompense espérée pour leur dévouement[2].

Cette réalité qu'a bien décrite Weber dans *Le savant et le politique* est sans doute la source du profond discrédit qui affecte l'ensemble de la classe politique et du mépris des citoyens à l'endroit de la politique partisane. La piètre estime accordée aux politiciens se traduit aussi par un ras-le-bol généralisé que confirment les sondages d'opinion depuis des années. Cette perversion de l'engagement politique partisan n'est pas sans conséquence puisqu'il conduit à un appauvrissement de notre démocratie, ce dont témoigne notamment le faible taux de participation aux différents scrutins. À cet égard, le Québec se distingue, particulièrement lorsque les citoyens sont invités à élire leur gouvernement national ou qu'ils doivent se prononcer sur des enjeux majeurs. Ainsi, lors du référendum d'octobre 1995 sur la souveraineté du Québec, près de 95 % des électeurs se sont rendus aux urnes, ce qui constitue sans conteste un très grand succès démocratique dans une société libre. Par contre, la participation aux élections municipales et scolaires est, comme partout ailleurs, très faible.

Cela dit, il faut néanmoins reconnaître et affirmer que l'activité politique partisane constitue une des formes les plus importantes de l'engagement civique dans une société démocratique. Elle suppose évidemment un certain degré d'adhésion à l'idéologie du parti et au programme qu'il propose à la population. Difficile pour un socialiste ou un social-démocrate d'être membre d'un parti qui s'appuie sur la bourgeoisie et entend diminuer considérablement la taille et le rôle de l'État. De plus, l'activité des individus au sein des partis, leur possibilité d'accéder à des postes importants ou à se présenter comme candidats sont limitées par des facteurs objectifs comme leur éducation ou leurs ressources pécuniaires. La composition des parlements et de la bureaucratie parlementaire est à cet égard tout à fait éloquente.

Par ailleurs, l'activité politique aux paliers municipal ou scolaire offre un éventail plus large de possibilités à ceux qui désirent s'y engager et éventuellement s'y faire élire.

Vers la fin des années soixante, l'engagement politique à l'échelle locale était considéré comme un prolongement aux luttes des syndicats et des groupes populaires. La notion de «deuxième front», mise de l'avant par le mouvement syndical, et particulièrement par la CSN, suggérait fortement l'engagement des militants dans la politique scolaire et municipale. Sous l'impulsion de cette idée, et en vue d'une lutte axée sur les conditions de vie, furent créés le Front d'action politique (FRAP) en 1969, puis, à la suite de la dissolution de ce parti, le Rassemblement des citoyennes et citoyens de Montréal (RCM) quelques années plus tard. Des partis inspirés des mêmes objectifs furent ultérieurement formés dans plusieurs municipalités, notamment à Québec. Sur le plan scolaire, le Mouvement pour une école moderne et ouverte (MEMO) mène la lutte à un conseil scolaire conservateur et dogmatique qui défend l'école confessionnelle à Montréal et préconise une morale catholique passéiste.

Cette dynamique politique s'accorde avec la volonté des mouvements sociaux organisés de se doter de structures d'action politique conformes à un projet social progressiste, que ne peuvent défendre les partis politiques traditionnels. Cette démarche n'a pas connu à ce jour le succès escompté, particulièrement sur le plan national. Trois raisons peuvent sans doute expliquer cet échec. D'abord, bon nombre de militants ont choisi de se consacrer à l'aboutissement du projet indépendantiste porté par le Parti Québécois, d'autant que celui-ci s'est révélé capable de défendre, occasionnellement, un projet de société d'inspiration social-démocrate suffisamment étoffé pour rallier un fort contingent de personnes actives dans les organisations syndicales et les mouvements communautaires. En outre, la gauche québécoise, idéologiquement hétérogène, n'a jamais réussi à formuler un projet politique crédible, susceptible de se gagner un pourcentage significatif de la population. Enfin, la dynamique bipartite qui caractérise notre culture politique ainsi que l'absence d'une représentation proportionnelle rendent bien difficile un engagement politique qui ne trouve jamais son aboutissement dans une présence à l'Assemblée nationale. À cet égard, le Québec se distingue du Canada et des provinces canadiennes où le Nouveau Parti démocratique, membre de l'Internationale socialiste, a réussi à se tailler, du moins jusqu'à tout récemment, une place non négligeable aux côtés des libéraux et des conservateurs.

Les mouvements sociopolitiques

L'engagement dans un mouvement sociopolitique se fonde sur une adhésion plus ou moins forte à une vision du monde et à un projet social. La dimension partisane est ici remplacée par la variable idéologique, une adhésion à une palette de valeurs communes et un objectif d'éducation populaire qui n'est pas celui des partis politiques.

Les mouvements sociopolitiques, contrairement aux partis politiques, n'ont pas à composer avec les dures exigences de l'exercice du pouvoir. Ils n'ont pas non plus à préserver les délicats équilibres d'intérêts divergents. Leur fonction est surtout éducative, car il s'agit plus de faire comprendre l'importance de certains enjeux de société à la population que de la convaincre de voter pour un chef et une brochette d'individus qui, tous, promettent la mer, quand ils ne peuvent que livrer un lac.

Les mouvements sociopolitiques se caractérisent par leur pluralisme partisan; les individus qui y adhérent peuvent en effet s'identifier à des partis politiques différents. Ces mouvements revêtent parfois une importance politique considérable. Par exemple, c'est le Comité de défense des ouvriers (KOR) et le syndicat Solidarité qui, en Pologne, ont renversé la dictature du Parti communiste. En Israël, des milliers d'individus appartenant à plusieurs partis politiques ont formé une vaste coalition pour la paix, coalition dont l'importance politique est majeure. Au Québec, le projet souverainiste est animé non seulement par trois partis politiques, mais aussi, et surtout, par les Partenaires pour la souveraineté, vaste mouvement politique regroupant l'ensemble des mouvements sociaux à l'exception de certains milieux d'affaires, des lobbies anglophones et de quelques regroupements formés sur une base ethnique.

Dans plusieurs pays, comme le Danemark et la Norvège, les forces sociales donnent lieu à des mouvements qui appuient des listes de candidats, tous partis confondus, qui se sont engagés à défendre un ensemble de revendications dans les assemblées législatives. Ces mouvements peuvent être très spécifiques (comme un mouvement féministe) ou de type arc-en-ciel, c'est-à-dire représentant une coalition d'organismes. Aux États-Unis, la *moral majority* est une coalition de mouvements de droite et d'extrême droite très puissante qui rassemble autant des groupes religieux que des organisations néofascistes et qui exerce une pression constante sur des décideurs politiques à qui elle impose son éthique particulière, fondée sur l'idéologie néolibérale et la promotion d'un cadre normatif ultraconservateur.

Au Québec, certains mouvements communautaires particulièrement bien structurés, comme la Fédération des femmes du Québec (FFQ), jouent pour ainsi dire le rôle de mouvements politiques. Le vieillissement de la population et les menaces sérieuses qui planent sur les régimes publics de retraite laissent envisager que des regroupements comme l'Association québécoise des retraités et pré-retraités (AQDR) de même que la Coalition des aînés joueront au cours des années qui viennent un rôle politique de plus en plus grand.

Toutes ces organisations, tous ces mouvements sont autant de lieux mobilisateurs, ouverts à l'engagement social. Ils offrent aux individus la possibilité de s'affirmer comme sujets politiques et d'influencer ainsi l'avancement de leur milieu et de la société.

Beaucoup d'observateurs et d'analystes progressistes considèrent que l'avenir de la démocratie passe par cette inclusion des grands mouvements sociaux dans le débat politique et par des formes originales de participation des citoyens au débat public. Plusieurs estiment d'ailleurs que l'engagement social est nécessairement politique dans la mesure où il est l'expression concrète d'une implication civique dans la vie des collectivités. Force de changement, le milieu communautaire serait un lieu de dépistage des nouvelles problématiques sociales. Au total, les revendications des divers mouvements sociaux pourraient même constituer le programme politique le plus complet et le plus proche de la réalité des citoyens.

Plusieurs des personnes qui en sont membres croient que les groupes populaires et communautaires n'ont pas le droit de s'abstenir et de refuser le rôle politique qui leur revient. En ce qu'ils expriment les difficultés vécues par de larges fractions de la population, témoignent de l'incohérence éthique des principaux détenteurs de pouvoir, proposent souvent des solutions originales et novatrices, les organismes communautaires, tout comme les syndicats et le milieu de la coopération, interviennent dans la vie politique de façon souvent fort importante. À preuve, l'implication de plusieurs de ces organismes en faveur du «oui» lors du référendum sur la souveraineté, en octobre 1995, et leur contribution essentielle à la critique de la réforme des programmes sociaux imposée par le gouvernement fédéral à la fin de 1994.

De la même manière, on ne peut nier la contribution essentielle des centaines de groupes environnementalistes à la préservation de nos ressources, à la qualité de l'eau potable et de l'air que nous respirons. Les Verts, tant par leur travail d'éducation que par les pressions qu'ils exercent sur les gouvernements et sur l'entreprise privée, contribuent plus à la qualité de notre environnement que tous les partis politiques réunis.

Les mouvements sociaux organisés ont l'immense avantage de connaître la réalité concrète des milieux qu'ils représentent. Étrangers à des préoccupations strictement électoralistes, ils offrent aux individus désabusés et irrémédiablement déçus par les structures politiques partisanes la possibilité de contribuer au développement de la société. Comme le démontrent éloquemment les invitations faites à certains d'entre eux de participer aux forums où sont établies les grandes lignes d'un possible projet social, les organismes communautaires les plus importants sont désormais d'incontournables acteurs politiques.

Le milieu syndical

Le milieu syndical est aujourd'hui plus éclaté qu'il ne l'a jamais été au cours des vingt-cinq dernières années. Cependant, de sérieuses tentatives sont faites pour réactiver une certaine solidarité entre les trois grandes centrales québécoises. Le milieu syndical regroupe des syndicats professionnels et de métiers, membres de fédérations et de confédérations. Il comprend aussi un nombre de plus en plus élevé de syndicats indépendants. J'assimile aussi à ce milieu certaines associations de type syndical comme le Regroupement québécois des intervenantes et intervenants en action communautaire (RQIIAC) qui défend les intérêts des organisatrices et des organisateurs communautaires en CLSC. Enfin, certaines associations professionnelles adoptent des pratiques de type syndical; c'est notamment le cas du Barreau, des regroupements d'artistes et d'écrivains, ainsi que de certaines associations professionnelles.

Historiquement, le milieu syndical a été un riche lieu d'engagement social. Les militants syndicaux ont constitué la base de l'effort politique et social qui marque l'histoire du Québec depuis le milieu de ce siècle. Une partie de l'intelligentsia issue de la Révolution tranquille fut active dans le mouvement syndical avant d'occuper les plus hautes fonctions dans les milieux politiques. Un grand nombre de personnes engagées dans les organisations syndicales ont aussi joué un rôle social déterminant, ayant mis de l'avant et défendu plusieurs des grandes mesures sociales dont nous disposons aujourd'hui.

L'éthique du mouvement syndical est fondée sur l'actualisation de valeurs comme la solidarité, la justice sociale, l'équité, l'égalité. Cette base axiologique rejoint celle des mouvements communautaires et coopératifs. Elle devrait permettre aux militants syndicaux de comprendre les revendications touchant les conditions de vie de la population en dehors des milieux de travail. D'ailleurs, de nombreuses personnes syndicalement actives œuvrent aussi dans certains organismes de type communautaire comme les ACEF, les centres de femmes, les coopératives d'habitation et de travail.

Depuis plusieurs années, d'autres regroupements de type syndical ont été formés pour exprimer des préoccupations liées à l'exercice de professions particulières. Ces organisations véhiculent sensiblement les mêmes valeurs que le milieu syndical classique. Le Regroupement québécois des intervenantes et intervenants en action communautaire se donne pour mandat de défendre non seulement des intervenants sociaux salariés à l'emploi de l'État, mais aussi une certaine conception de cette activité professionnelle. Le RQIIAC a d'ailleurs amorcé une importante réflexion sur la dimension éthique du travail d'organisateur communautaire à l'emploi de l'État.

Quant aux associations professionnelles, elles peuvent être reconnues en vertu du Code des professions ou s'être structurées pour répondre à des besoins non satisfaits par une association mère. Quarante-trois professions sont régies par la loi. Cet encadrement législatif permet de contrôler l'accès à la profession par des critères d'adhésion et des normes de pratique stricts qui sont généralement inscrits dans des codes de déontologie. Il s'agit là d'un avantage corporatif non négligeable qui contribue à garantir une certaine qualité des services professionnels offerts à la population.

Le milieu syndical connaît cependant d'importantes transformations qui l'amènent à redéfinir son action. Ainsi, certains syndicats négocient des conditions de travail adaptées à divers groupes de travailleurs occupant des emplois semblables à l'intérieur d'une même entreprise. L'acceptation de conventions collectives comportant des clauses dites «orphelines» constitue un très dangereux précédent, car ces conventions établissent des qualités de travailleurs légitimées notamment par des droits acquis non transférables d'une génération à l'autre.

Passant d'une stratégie d'affrontement à une stratégie de concertation et partant du principe de *if you can't beat them, join them*, le mouvement syndical a mis sa méthode subversive au rencart. Fini le syndicalisme de combat; le mouvement collabore maintenant avec l'État et le patronat à l'établissement de stratégies nationales et régionales de développement économique. De plus, en créant de très importants fonds d'investissement dits «de solidarité», les centrales syndicales acceptent de s'inscrire dans la logique du grand capital, au risque de devoir passer au second plan la rémunération la plus juste du travail au profit de celle de l'investissement. Ici, l'appel à la solidarité risque d'être accompagné de plus en plus souvent d'une réponse répressive dans la mesure où, pour sauver les intérêts des investisseurs, il faille sacrifier ceux des travailleurs qui produisent la richesse. La chose s'est vue, elle se verra encore.

Enfin, le nouveau contexte de l'action syndicale est marqué par une professionnalisation accrue des activités reliées à la vie des syndicats. On est alors en droit de s'interroger sur la place et le rôle des militants et sur le pouvoir réel qu'ils exerceront à partir de maintenant.

La réorientation de l'action syndicale correspond sans doute à une urgente nécessité dans le contexte actuel de mondialisation de l'économie, de mobilité des capitaux et des moyens de production. Reste à voir si elle ne modifiera pas profondément l'éthique du syndicalisme et le sens de l'engagement syndical. En ce sens, les militants syndicaux sont confrontés à une situation difficile et doivent conjuguer solidarité syndicale et solidarité sociale. La question du partage de l'emploi disponible en une période caractérisée par un chômage endémique, celle du renoncement à certains droits acquis en un temps de crise des finances publiques, l'équité des salaires et des conditions de travail entre les hommes, les femmes et les générations illustrent à merveille les difficultés que les milieux syndicaux doivent surmonter.

Le milieu économique

Jusqu'à tout récemment, la sphère de l'économie était perçue comme une espèce de lieu tabou incompatible avec l'engagement social. Pourtant, un regard le moindrement objectif sur l'évolution de la société québécoise nous convainc facilement qu'il est effectivement possible aux individus de s'engager dans la création et l'intensification d'activités économiques dont les objectifs sont différents de ceux que privilégient les entreprises de type capitaliste. Ces activités sont désignées sous différentes appellations: «économie communautaire», «économie solidaire», «économie sociale». J'emploierai ici le terme «économie sociale» qui, à mon avis, intègre les autres.

L'économie sociale se définit comme une démarche de solidarité collective en vertu de laquelle une communauté — un village, un quartier, un groupe social — prend un certain nombre d'initiatives à caractère économique en vue de favoriser le développement d'un milieu, au profit des individus qui le composent.

L'économie sociale se distingue par quelques traits: elle vise des objectifs sociaux touchant la qualité de la vie des personnes; elle favorise des initiatives créatrices d'emplois; elle s'inscrit dans une dynamique de formation professionnelle continue; elle propose une conception de l'activité économique orientée non pas vers la maximisation des profits et leur appropriation par quelques-uns, mais vers la création d'emplois valorisants et stables. Dans cette perspective, il est possible de relever cinq lieux d'engagement différents mais souvent convergents: les coopératives d'épargne et de crédit; les corporations de développement économique communautaire; les coopératives de consommation (logement, alimentation, etc.); les coopératives de travail; les groupes communautaires de services. Des entreprises privées peuvent, à mon avis, partager certains des traits propres à l'économie sociale. Cependant, comme ce ne sont pas des lieux d'engagement social au sens où j'en parle dans cet essai, je n'y ferai pas référence.

Les coopératives d'épargne et de crédit

Les caisses populaires et les caisses d'économie, maintenant regroupées à l'intérieur de la Confédération Desjardins, constituent un des plus beaux fleurons de la société québécoise. Ces institutions représentent aussi une force économique de 82 milliards de dollars, ce qui est loin d'être négligeable.

Or cette force économique majeure est le produit de l'engagement volontaire de milliers de personnes qui, à partir du début du XXe siècle, ont patiemment construit un réseau d'institutions économiques coopératives sans égal. L'histoire de ce réseau est étroitement liée à l'histoire récente du peuple québécois. Aujourd'hui encore, des milliers de personnes interviennent dans les conseils d'administration et les conseils de surveillance des caisses populaires ou d'économie de leur milieu.

Le Mouvement Desjardins adhère en principe aux valeurs de la coopération telles qu'elles sont inscrites dans la charte de l'Association coopérative internationale: démocratie, solidarité, égalité, intercoopération, éducation à la coopération. Au cours de son histoire, le Mouvement Desjardins a épousé et suivi l'évolution de la trame éthique du Québec. Sa solidarité fut teintée de chauvinisme à une époque où tout ce qui n'était pas catholique et canadien-français était considéré comme suspect. Anticapitaliste, le Mouvement Desjardins n'était pas pour autant de gauche, mais plutôt conservateur. Son existence ne se voulait-elle pas une mesure défensive destinée à contrecarrer la montée des idées socialistes qui connaissaient beaucoup de succès ailleurs dans le monde? Plus tard, le réseau des coopératives d'épargne et de crédit s'associera, parfois directement, parfois plus discrètement, à la quête de souveraineté nationale du peuple québécois.

Si plusieurs de ses dirigeants n'ont jamais hésité à dénoncer les méfaits du capitalisme, il faut cependant admettre que la plupart des dirigeants et des cadres de «l'empire» coopératif Desjardins adhèrent aujourd'hui bien plus aux canons du libéralisme qu'à un coopératisme progressiste. Si le Mouvement Desjardins est toujours un lieu d'engagement social, force nous est cependant d'admettre que cet engagement ne saurait se traduire par un pouvoir très significatif des dirigeants bénévoles sur leur institution locale.

En effet, de l'aveu même des dirigeants de la Confédération des caisses populaires et d'économie Desjardins, la mondialisation des marchés financiers, la subtilité des opérations, la compétition féroce entre les institutions financières contribuent à rendre la gestion

des coopératives d'épargne et de crédit extrêmement
complexe. Dans ce contexte, les dirigeants locaux
voient leur rôle évoluer vers des formes d'engagement
différentes, plus axées sur l'enracinement de l'institution financière dans son milieu que sur sa gestion.

Dans les faits, on assiste à une «folklorisation» de la
participation des individus à la gestion de leurs caisses
populaires. Aujourd'hui, cette institution financière est
largement dirigée par une technocratie certes compé-
tente, mais qui n'a aucun compte à rendre à des sociétaires de pure forme.

Cependant, le Mouvement Desjardins est certainement l'institution financière la plus sensible à une exigence de solidarité nationale, régionale ou locale. C'est
sans doute ce qui explique la participation des fédérations régionales ou des caisses locales à certains projets
socioéconomiques mis de l'avant par des communautés
locales. C'est sans doute aussi pour cette raison, et pour
sauvegarder une différence à laquelle ils semblent tenir,
qu'un grand nombre de sociétaires acceptent d'y œuvrer
bénévolement.

Les corporations de développement économique communautaire

Nées au début des années quatre-vingt, les corporations de développement économique communautaire
font partie de la nouvelle génération de lieux d'engagement social. Ces organismes sont des produits de la
crise économique qui frappe les sociétés occidentales et
fait grimper le nombre de personnes sans emploi.

D'inspiration américaine, les corporations de développement économique communautaire (CDEC) sont, selon ce qu'en disait le sociologue Greg Mac Leod au cours d'un colloque tenu à l'Université du Québec à Montréal en 1991:

> [...] la réunion de capitaux et de ressources humaines organisés méthodiquement de façon à pouvoir atteindre les buts établis par le Bureau de direction, par le truchement d'une gérance compétente et efficace de ses ressources économiques. Ce que la corporation de développement communautaire comporte de particulier, c'est que son but est fixé sur l'amélioration de la communauté ou, si l'on veut, sur l'intérêt public et non sur l'enrichissement des actionnaires[3].

S'appuyant sur la solidarité communautaire, ces organismes tentent de regrouper des personnes issues de différents milieux autour d'une préoccupation majeure: le développement économique local. Largement inspirées de l'idéologie communautariste, les corporations de développement économique communautaire adhèrent au principe selon lequel «s'il faut penser globalement, il importe d'agir localement». Elles visent à mobiliser les énergies locales dans un processus permanent de consultation qui a pour objectif l'essor économique d'un milieu, le développement de l'«employabilité» des personnes et la création d'emplois.

Il existe au Québec une quinzaine de ces corporations, actives essentiellement en zone urbaine. Elles favorisent l'engagement social d'individus liés aux milieux communautaires, patronaux et syndicaux. Or il est difficile pour des personnes venant d'horizons aussi différents de partager une même perspective éthique, particulièrement sur les plans idéologique et normatif. Les autres problèmes auxquels font face ces corporations consistent dans la planification d'un développement économique dont les paramètres ne peuvent être fixés qu'à l'échelle nationale et, occasionnellement, régionale, ainsi que dans l'obtention de toute la crédibilité requise pour attirer chez soi d'importantes entreprises créatrices d'emplois, surtout quand on n'a que très peu de ressources financières et aucun pouvoir législatif.

Les corporations de développement économique communautaire peuvent tout au plus faire valoir une appréciation concrète de la situation locale. Ce n'est quand même pas rien. Le danger de s'enfermer dans une vision du développement trop étroitement «localiste» guette néanmoins les CDEC, tout comme la banalisation des intérêts divergents qui peuvent animer les «partenaires» locaux. En revanche, ces organismes peuvent être de précieux laboratoires de concertation où seraient explorés les points de convergence entre des acteurs sociaux différents à plusieurs égards.

Les coopératives de consommation

Directement liées aux conditions de vie des groupes les plus économiquement faibles de la population, les centaines de coopératives d'habitation et de consommation qui ont vu le jour au Québec au cours du dernier quart de siècle constituent aussi des lieux privilégiés d'engagement social.

Fondées sur le principe que la solidarité collective est essentielle à la qualité de vie, ces coopératives véhiculent autant la perspective éthique de la coopération, notamment en ce qui concerne la propriété collective des infrastructures sociales ou économiques, que la perspective éthique du milieu communautaire autonome. En fait, ces institutions appartiennent aux deux réseaux et en épousent la culture.

L'éducation coopérative est le défi que doivent relever ces organismes. Les coopératives de consommation éprouvent en effet quelque difficulté à inculquer à leurs membres une culture économique différente qui ne se fonde plus sur l'hypothétique «pouvoir du client» dans un contexte de marché ouvert. Les coopératives d'habitation, elles, doivent pouvoir compter sur la participation maximale de leurs membres à la gestion et à l'entretien des immeubles. Or cette participation ne peut être imposée, elle doit être acceptée par chacun des membres et intégrée à ses valeurs. Il semble en outre que des différends de classes s'expriment, notamment entre les sociétaires salariés et les autres, des prestataires de la sécurité du revenu payant un loyer moindre.

Les coopératives d'alimentation ont connu de beaux jours jusqu'à la fin des années soixante-dix, avant qu'elles ne s'effondrent sous les coups du dogmatisme marxiste-léniniste et de la réorganisation de l'industrie alimentaire. Ces coopératives sont nées d'un effort du mouvement syndical et de l'action d'animateurs sociaux pour protéger dans la sphère de la consommation les gains réalisés dans celle du travail. En échange d'un investissement en temps de travail gratuit, les coopératives d'alimentation offrent de meilleurs prix à leurs membres.

Les animateurs sociaux ont vu dans ces initiatives un excellent moyen de regrouper des personnes des milieux populaires, dans le but d'effectuer auprès d'elles un travail de formation idéologique et politique indispensable à la mise en œuvre d'une stratégie de changement social radical.

Des milliers d'individus furent et sont encore membres de telles coopératives fondées sur une éthique valorisant le partage, la solidarité et l'égalité des personnes. Cela signifie concrètement que l'engagement des membres permet aux individus et aux familles de bénéficier de biens et de services d'égale qualité, sans considération de leur pouvoir d'achat réel. Cela signifie également que l'apport demandé à chacun tiendra compte de ses capacités financières, mais aussi physiques et intellectuelles réelles. Ainsi, on ne demandera pas à une personne âgée d'effectuer des travaux qui exigent de la force physique et on comprendra qu'une femme chef de famille monoparentale soit moins disponible qu'une célibataire sans enfants. De même, on n'imposera pas aux personnes handicapées des tâches incompatibles avec leur état particulier.

Les coopératives de travail

La particularité de ces entreprises tient au fait que les individus qui y travaillent produisent et reproduisent par leur engagement les conditions de leur emploi. Cette dynamique évoque peut-être, de prime abord, celle de l'entrepreneurship classique. Il existe pourtant une différence majeure et elle se rapporte à l'exigence éthique de la coopération.

En effet, les membres d'une coopérative de travail s'engagent non seulement pour eux-mêmes, mais pour tous les autres sociétaires de l'entreprise et, à la limite, pour ceux qui n'y travaillent pas encore. De plus, leur engagement n'est pas centré sur la recherche d'une optimisation des profits de l'entreprise, mais plutôt sur la perspective d'une optimisation des possibilités de créer de l'emploi. Nous retrouvons ici une dimension de la nouvelle éthique de la responsabilité suggérée par Hans Jonas dans *Le principe responsabilité. Une éthique pour la civilisation technologique.* De plus, des principes démocratiques, tels que l'égalité formelle du pouvoir des membres et la souveraineté de l'assemblée générale, sont imposés aux coopératives de travail. Les valeurs de la coopération constituent pour ces entreprises des impératifs éthiques majeurs.

La participation active des sociétaires au développement de l'entreprise est une condition essentielle à la réussite de la coopérative de travail. Elle peut prendre la forme d'un travail non rémunéré quand les circonstances l'imposent et d'une participation volontaire à des activités de gestion ou de représentation.

La coopérative de travail propose une éthique très différente de celle qui régit les rapports entre patrons et employés. Elle impose un renouvellement des pratiques syndicales et une conciliation des préoccupations entrepreneuriales avec les préoccupations sociales et environnementales propres à d'autres lieux d'engagement.

Comme dans d'autres secteurs de la coopération, l'éducation coopérative et la formation professionnelle sont les deux conditions essentielles de la réussite d'un projet coopératif dans la sphère du travail. L'éducation coopérative favorise la prise de conscience de la nature particulière de l'entreprise. Elle n'offre cependant pas la garantie qu'en cas de succès les sociétaires ne seront pas tentés de transformer la coopérative de travail en entreprise à but lucratif.

Par ailleurs, les coopératives de travail sont souvent, pour ne pas dire toujours, aux prises avec le problème du financement de leurs activités. À cet égard, il faut noter le peu de soutien des caisses populaires, ce qui étonne quand on sait que l'intercoopération est une des valeurs du coopératisme.

Les groupes communautaires de services et leur contribution économique

Le nouvel intérêt pour l'action des organismes communautaires de services correspond à la crise de l'État-Providence et à celle des finances publiques. Dans certains milieux, on n'était pas sans savoir que les groupes communautaires de services jouent un rôle économique significatif, ne serait-ce qu'au chapitre des économies qu'ils permettent à l'État de réaliser. Or ce n'est que tout récemment que, dans les officines du pouvoir, on en a pris vraiment conscience. On a en même temps découvert que les organismes communautaires pouvaient, comme les petites et moyennes entreprises, contribuer à la création d'emplois.

Des études très officielles, dont celle du sociologue Jean-Pierre Bélanger, conseiller du ministre québécois de la Santé et des Services sociaux, révèlent que les 2400 organismes à but non lucratif évoluant dans ce secteur fournissent plus de 10 000 emplois permanents et plus de 15 000 emplois occasionnels. Il faut ajouter à cela que ces groupes encadrent l'activité bénévole de milliers de personnes, majoritairement des femmes. Mais il y a plus.

Comme on dit dans le jargon entrepreneurial, le marché offre des perspectives intéressantes. Le «virage ambulatoire» auquel sont soumis les établissements du réseau de la santé nécessite la mise en place et la consolidation de services de soins et de soutien aux personnes qui ne seront plus hospitalisées. Il faut donc que les groupes communautaires assument une part importante de la responsabilité du suivi postopératoire.

De plus, le vieillissement de la population, combiné à l'éclatement de la famille, nécessite un soutien communautaire aux personnes âgées, lesquelles sont invitées à demeurer dans leur milieu naturel dans toute la mesure du possible, voire de l'impossible. Un autre alléchant créneau pour la nouvelle «économie sociale».

Car si l'entreprise privée peut répondre aux besoins de la minorité économiquement à l'aise, il appartiendra aux milieux communautaires de s'occuper des services dits «de proximité» que l'État abandonne. Il s'agit là d'une contre-révolution tranquille dont les effets sont difficilement mesurables à très court terme. L'État investira donc un peu plus dans la structuration des réseaux communautaires, sachant que cet investissement devrait lui être rendu au centuple. Ici, les sociologues remplacent les spécialistes en valeurs mobilières et en fusion d'entreprises. L'ancienne gauche fait sa paix avec la nouvelle droite. «Gingrich-Rocard, même ennemi, même combat!» suggère une excellente série d'articles sur l'économie sociale que signe Konrad Yakabuski dans *Le Devoir* en mars et avril 1996[4]. Mais qui sont les «ennemis»? Quelques agitateurs brandissant le petit livre rouge? Que non! Plusieurs qui furent de ceux-là en leurs vertes années comptent aujourd'hui parmi les artisans de la contre-réforme. Les «ennemis» sont autant «de proximité» que le sont les services que l'on veut instaurer pour les combattre. Ce sont les pauvres, les sans-emploi, les malades, les vieux, l'ensemble de ce très important groupe social formé de ceux que l'on qualifie euphémiquement «d'exclus», de tous ceux-là qui aujourd'hui coûtent cher à un État qu'ils ont contribué à édifier quand ils étaient productifs. Il leur faut payer. Et pour payer, il faut qu'ils travaillent. Et autrement qu'au noir.

La création possible d'emplois est un corollaire de la mise en place et de la consolidation de réseaux communautaires de prestation de services. Peu importe que ce soient des emplois mal rémunérés et précaires s'ils contribuent à diminuer les statistiques du chômage. Ainsi, par la magie d'une transformation d'un grand nombre de groupes communautaires en entreprises du troisième type, on transformera du même coup des habitués de l'aide sociale et de l'assurance-chômage en travailleurs au salaire minimum. Une façon comme une autre de régler le chômage des jeunes et des femmes.

Bref, les organismes communautaires de services et, possiblement, certains organismes de défense des droits sont à la veille d'être officiellement conscrits en vue d'une résolution des problèmes de l'État néolibéral. Il s'agit d'une exploitation originale de l'engagement social sur laquelle je reviendrai plus loin.

Le milieu institutionnel

La démocratie moderne tire son sens de l'élargissement de l'espace de participation accordé aux citoyens. C'est l'idée du gouvernement pour et par le peuple. En principe, la démocratie devrait évoluer au fur et à mesure que les communautés humaines deviennent aptes à s'autogouverner, c'est-à-dire à mesure qu'elles peuvent faire l'économie des mécanismes de délégation en vertu desquels les individus renoncent à l'exercice d'une part de leur souveraineté, pour se contenter d'une démocratie formelle où ils sont appelés à choisir leurs gouvernants à intervalles réguliers.

Le Québec est sans doute un des endroits au monde où la démocratie se porte le mieux. Cet état de santé se manifeste par une collaboration accrue et plus systématique entre les différents milieux organisés qui encadrent la société québécoise: stratégies de développement économique, réformes de l'éducation et des services de santé, politique culturelle, etc. Une des manifestations les plus remarquables de cette vitalité démocratique fut sans doute la tenue des commissions régionales sur l'avenir du Québec qui ont précédé le référendum sur la souveraineté en octobre 1995.

Dans les faits, la possibilité pour les citoyens de s'engager dans la gestion des établissements publics correspond à un troisième volet, non écrit, des droits politiques inscrits dans la Charte des droits et libertés de la personne, et que je traduirais par «le droit à la gestion de la chose publique dans les limites prescrites par la loi». Ces lieux institutionnels d'engagement sont les CLSC et les conseils d'administration des autres institutions publiques de la santé et des services sociaux, les comités d'école ainsi que les commissions et comités nationaux, régionaux et locaux où peuvent siéger les citoyens.

Ces lieux d'engagement sont fréquentés par des milliers de personnes qui font preuve d'un esprit civique remarquable. Ainsi, une personne qui accepte d'occuper un poste au conseil d'administration d'un CLSC devra participer à des dizaines de rencontres annuelles, faire face à des problèmes parfois difficiles, gérer une administration dans un contexte de compressions budgétaires, tenter d'harmoniser les intérêts d'employés syndiqués et regroupés dans de puissantes corporations professionnelles, etc. Il s'agit d'une responsabilité importante qui n'est pas socialement reconnue à sa juste valeur et que les milieux tant syndicaux que communautaires ont parfois tendance à discréditer.

Des parents d'élèves siègent également à des comités d'école où ils participent à la gestion, non pas des budgets, mais de projets éducatifs parfois complexes. Ils sont sollicités pour organiser des campagnes de collecte de fonds en vue de la réalisation d'activités parascolaires. Ils accompagnent des groupes d'élèves dans des sorties, font du bénévolat à la bibliothèque, collaborent à des activités comme des campagnes de vaccination et d'éducation au respect de l'environnement.

Les personnes engagées dans ces milieux institutionnels donnent généreusement de leur temps pour que l'ensemble de la communauté profite de meilleures conditions de vie. Il s'agit là d'une application concrète de l'éthique de la responsabilité.

Sur le plan éthique, l'ouverture à la participation des citoyens à la gestion des établissements soulève quelques problèmes. Le premier réside dans le maintien des délicats équilibres entre le personnel salarié et les représentants de la population. La qualité de cet arrimage dépend sans doute d'une reconnaissance des responsabilités des uns et des autres, d'un souci de transparence dans l'administration et d'une volonté commune d'œuvrer pour le mieux-être de la communauté.

Ce ne sont là que quelques exemples du caractère paradoxal que peut prendre la démocratie de participation dans une société où la souveraineté du citoyen est très souvent banalisée par des intérêts corporatistes de plus en plus importants. Ils illustrent la complexité de la réflexion nécessaire à la recherche d'une certaine cohérence éthique.

CHAPITRE V

Considérations générales sur les diverses formes d'engagement

> Tout nous accroît. Tout nous profite.
> Il me semble pourtant, mon frère, que
> nous prospérons trop sur la misère des
> temps.
>
> ROBERT MERLE,
> *Fortune de France*

Le Québec est une société relativement homogène et peu hiérarchisée qui se caractérise par une faible densité de population sur un territoire étendu et riche. Cette population, majoritairement d'origine française, a su conserver une culture originale qui s'exprime dans une des grandes langues internationales: le français. Elle est régie par des institutions adaptées à sa réalité. Dans les faits, le Québec forme un peuple, sans doute le plus jeune de l'histoire, qui s'affirme dans toute son originalité. L'apport indéniable d'une minorité d'individus d'origine anglo-saxonne à la culture et à la constitution d'une éthique québécoise et celui, plus récent, de nouveaux arrivants venant de partout dans le monde confirment la nature particulière du peuple québécois.

Les formes que prend l'engagement social au Québec ne peuvent s'apprécier qu'en référence à notre histoire et à son évolution. Ainsi, il faut savoir que si nous sommes les héritiers d'un fond culturel français, nous sommes aussi marqués par une tradition démocratique et des institutions parlementaires de type britannique. Sur le plan de l'engagement social, nous sommes par ailleurs largement influencés par la manière américaine de faire les choses. Ralph Nader a été un modèle pour les militants des associations de consommateurs. Saul Alinsky a été le *guru* de plusieurs générations d'animateurs sociaux et d'organisateurs communautaires. Les militantes féministes ont plus appris de leurs consœurs américaines que des intellectuelles françaises du MLF. En matière d'éducation populaire, c'est en Amérique latine qu'il faut chercher nos modèles de référence. Le développement économique communautaire s'inspire de l'action de nos voisins américains.

Si en cette matière comme en d'autres les Québécois se distinguent, c'est aussi parce que l'engagement social est marqué non seulement par des impératifs éthiques de justice sociale et de solidarité, mais aussi par l'affirmation de notre état de peuple décidé à assumer librement son destin. Ainsi, si la plupart des animateurs sociaux actifs dans les années soixante étaient à la fois indépendantistes et plutôt socialistes, la majorité des intervenants sociaux le sont tout autant aujourd'hui. Durant la dernière campagne référendaire sur la souveraineté du Québec, plusieurs des plus importants regroupements d'organismes communautaires siégeaient avec les centrales syndicales à la table des Partenaires pour la souveraineté. On se souviendra également que plusieurs des principales porte-parole du mouvement des femmes firent alors activement campagne pour le «oui», contribuant de façon significative à l'augmentation du vote des femmes en faveur de l'option souverainiste.

L'engagement social et communautaire transcende les clivages religieux, ethniques et linguistiques qui peuvent engendrer méfiance et incompréhension. Affirmer les droits des citoyens, chercher collectivement à être socialement plus cohérents, promouvoir le respect des personnes et l'égale dignité des individus sont des tâches qui invitent à la solidarité et certainement les plus sûrs outils de cohésion qu'une société puisse se donner.

Dans le chapitre précédent, j'ai présenté les principaux lieux où se concrétisent diverses formes d'engagement social au Québec. Comme je l'ai déjà précisé, ces lieux ne sont pas exclusifs puisque de nombreuses personnes sont aussi actives dans des associations sportives, philanthropiques ou charitables. Cet inventaire a néanmoins permis de constater que l'engagement social et communautaire fait désormais partie de notre vie démocratique. Il reflète non seulement la capacité d'un très grand nombre d'individus à gérer les instruments de notre bien-être collectif, mais donne aussi du sens à un projet social fondé sur la responsabilité des citoyens.

La diversité des formes qu'emprunte l'engagement social révèle aussi la volonté d'un nombre croissant de citoyens de jouer un rôle significatif dans la définition de la société et de ses institutions. Il s'agit là d'une nouvelle réalité due à plusieurs facteurs, dont l'élévation du niveau d'instruction des individus, qui est elle-même une conséquence de l'élargissement de l'accès à l'éducation. Ce gain ne peut que rendre les Québécois plus aptes à comprendre les enjeux sociaux; d'ailleurs nombre d'entre eux sont aujourd'hui aussi, sinon plus, compétents que bien des législateurs et des technocrates.

C'est sans doute cette compétence qui s'exprime dans les divers syndicats de travailleurs, les coopératives et les organismes sociocommunautaires de la société civile. Elle se traduit par l'innovation en matière de pratiques sociales. Ce ne sont en effet ni les politiciens ni les fonctionnaires qui ont mis en place les maisons d'hébergement pour femmes victimes de violence, les maisons des jeunes, les corporations de développement économique communautaire, les centres d'action bénévole, les groupes communautaires en alphabétisation, les associations de consommateurs et les fonds de solidarité syndicaux.

Comme je l'ai déjà affirmé, les organismes de la société civile constituent le fer de lance de la lutte contre les prédateurs de l'environnement. Quant à la défense des droits humains et sociaux, elle est d'abord et avant tout assurée par des organisations communautaires qui en ont fait leur tâche essentielle. Et qui se pencherait sur les difficultés particulières de certains groupes sociaux, telles les personnes souffrant de handicaps physiques ou de maladie mentale, si ce n'est des associations regroupant ces personnes ou des membres de leurs familles? Qu'arriverait-il aux personnes atteintes du sida si elles ne pouvaient compter sur un réseau d'organismes communautaires?

L'engagement des personnes dans diverses structures communautaires confirme le profond bouleversement que subit une société fondée sur la délégation de pouvoirs à des législateurs. À la limite, la compétence réelle de la population, combinée aux nouveaux moyens de communication et à la réduction du temps de travail, devrait progressivement nous conduire à une banalisation accrue du rôle des législateurs, au profit d'une valorisation de diverses formes de démocratie directe. Déjà, les dirigeants de l'État consultent de façon plus assidue les porte-parole des organisations communautaires et syndicales qui, souvent, acceptent de conseiller le gouvernement à titre gracieux.

L'analyse des divers lieux d'engagement social et communautaire révèle aussi la viabilité d'une démocratie fondée sur le pluralisme idéologique. Dans les faits, la plupart de ces organismes n'assujettissent pas la participation des individus à un rigorisme idéologique stérilisant. On peut ainsi être membre d'un syndicat, d'une association professionnelle, d'un groupe populaire ou communautaire, d'un mouvement politique tout en votant et en militant pour le parti de son choix. Si, effectivement, les personnes engagées socialement ont généralement une vision progressiste et solidaire du développement de la société, aucun critère idéologique formel ne limite l'adhésion aux divers lieux d'engagement qui existent au Québec.

La constatation d'une dérive

Nous avons vu que l'éthique de l'engagement social et communautaire se fonde sur un faisceau de valeurs qu'il est possible d'identifier. J'ai également proposé une fonction essentielle de l'action des organismes communautaires: faire en sorte que les individus et les collectivités soient autonomes et découvrent leur capacité d'être des artisans actifs de la transformation et du développement de leur milieu.

Cette autonomie, comme le rappelle Jean-François Malherbes, n'est pas synonyme d'insularité, d'isolement, de refus de l'autre. Bien au contraire, elle implique la réciprocité. C'est dans la reconnaissance de l'autre, par le dialogue, que l'on devient plus humain. Autrement dit, on peut affirmer qu'il n'y a pas d'autonomie possible sans un «contrat social» qui en garantisse l'exercice. Il nous appartient donc de fixer les règles de la convivialité humaine en nous assurant que celles-ci contribuent à l'affirmation de sujets libres. L'engagement social traduit ce désir d'autonomie. Il ne peut être autre chose, sous peine de se dénaturer, qu'une démarche de formation de citoyens responsables.

Cette finalité est tributaire d'une éthique qui privilégie certaines valeurs: respect des personnes, démocratie, équité, solidarité. Elle normalise les pratiques d'une façon qui lui est propre. Elle est ancrée dans l'histoire des mouvements sociaux et des organismes populaires. Elle est inscrite explicitement dans les chartes des organismes ou elle s'affirme implicitement dans leurs documents ainsi que par les pratiques elles-mêmes. Dans certains cas, cette finalité constituera le cœur du projet social auquel se vouent les membres d'importantes organisations. L'affirmation de l'individu en tant que sujet autonome et souverain constitue aussi une priorité implicite pour certaines institutions du secteur public, notamment les CLSC, priorité d'ailleurs inscrite dans leur code d'éthique.

Il apparaît donc que les différentes formes de pratiques sociales ne sauraient exprimer n'importe quoi. Elles ne peuvent se résumer qu'à leurs dimensions utilitaires. La formation de sujets peut difficilement cohabiter avec l'acceptation des inégalités et l'inscription des pratiques dans la logique de l'économisme, fondée sur la gestion de l'intolérable. Or une certaine dérive dans cette direction semble aujourd'hui se manifester. Elle peut conduire à un affaiblissement significatif du sens de l'engagement social, notamment dans les milieux communautaires autonomes. Le «virage ambulatoire», la crise des finances publiques, la rareté des ressources pécuniaires, le fait que les organismes communautaires soient de plus en plus des lieux de travail régulier, ou perçus comme outils de création d'emplois, contribuent à l'accélération de cette dérive apparente et conditionnent les formes de l'engagement social.

Une tendance à l'institutionnalisation

Il n'y a pas si longtemps, l'institutionnalisation des organismes communautaires autonomes était l'écueil à éviter. L'engagement social donnait lieu à des pratiques qui se voulaient une solution de remplacement face aux pratiques institutionnelles. Il s'agissait moins de remplacer l'institution que de remédier temporairement à ses carences, jusqu'à ce que l'État prenne ses responsabilités. Il s'agissait de démontrer la pertinence d'un service, son utilité sociale. Il s'agissait plus d'exprimer la souveraineté populaire par des formes d'engagement conséquentes à l'identification de problématiques particulières que de nier la nécessité pour l'État de jouer son rôle de régulation. Les personnes engagées socialement voulaient que leur engagement constitue une dénoncia- tion de l'incohérence éthique de gouvernements qui reconnaissent des droits et libertés à tous, mais qui en atténuent largement la portée par des choix sociaux dis- cutables, et souvent non discutés.

Par exemple, en mettant sur pied des garderies populaires, au début des années soixante-dix, les femmes voulaient affirmer que leur droit à l'emploi n'était réalisable que dans la mesure où nous acceptions socialement d'instaurer les conditions de son exercice. Dans les premières garderies, la permanence fut assurée par des parents, pour un salaire dérisoire, parfois même bénévolement. Il va de soi que ceux qui ont milité pour la mise en place d'un réseau de garderies accessibles à l'ensemble des parents ne l'ont pas fait pour prouver qu'un tel service pouvait être rendu sur une base quasi bénévole ou sous-rémunérée. Cette action visait à prouver une nécessité et à convaincre la population de la légitimité de cette revendication.

En créant des ressources alternatives en santé men- tale, les personnes engagées dans cette action voulaient montrer que des solutions à l'isolement social, à la mé- dicalisation et à l'internement étaient envisageables. Ces personnes n'ont jamais exprimé l'avis que l'État devait transférer sa responsabilité aux familles et aux groupes communautaires, ni voulu signifier que l'iti- nérance d'un nombre important de personnes affligées d'un problème de santé mentale était préférable aux services institutionnels.

Par leurs activités d'éducation populaire, les cen- taines d'organismes populaires œuvrant dans ce domaine ne veulent pas s'affirmer comme ressources institutionnelles dans le secteur de l'éducation, mais prouver que chaque expérience porte en elle sa propre leçon et que celle de la vie est sans doute la plus riche d'enseignement.

Pourtant, plusieurs personnes actives dans les milieux de la recherche sociale ou dans certains organismes communautaires affirment aujourd'hui que les ressources communautaires autonomes, à tout le moins une bonne part d'entre elles, devraient être l'objet d'une certaine institutionnalisation. À titre de tiers secteur, elles deviendraient, en parallèle avec le public et le privé, un autre réseau de ressources mises à la disposition de l'ensemble de la population.

Certaines personnes actives dans des organismes communautaires vont même jusqu'à affirmer le caractère exemplaire de leur pratique et à soutenir que réserver ces ressources aux seules personnes des milieux populaires équivaut à frustrer les autres groupes de la population d'un droit social. D'autres, enfin, découvrent dans les pratiques communautaires autonomes une économie sociale qui sera tantôt «marchande», tantôt «non marchande», jargon de sociologue traduisant une lecture plutôt triviale des différentes formes d'engagement social. Ce discours économiste[*] exprime aussi, surtout dirai-je, une nette tendance à rendre secondaire le potentiel subversif des pratiques au profit de leur aspect utilitaire.

Cette volonté explicite de traduire la reconnaissance de l'utilité sociale des organismes communau-

---

[*] Ce terme est employé ici non pas pour désigner le spécialiste de l'économie politique, mais pour qualifier un mode d'analyse qui fait ressortir surtout l'intérêt économique d'une chose au détriment de ses autres caractéristiques, souvent plus importantes.

taires par une appréciation formelle de leur fonction régulatrice et intégratrice ne m'apparaît pas être ce qui importe le plus. L'important, à mon avis, c'est que l'engagement social et communautaire soit le vecteur de ce que d'aucuns nomment «une nouvelle citoyenneté». Cette réappropriation de souveraineté est, comme je l'ai déjà souligné, au cœur du projet communautaire autonome moderne, selon lequel la nation pourrait être fondée sur une communauté de citoyens conscients. Cela signifie donc que le principal objectif de l'engagement social et communautaire doit tendre vers la réalisation de cette fonction.

Aider les pauvres

Faute de s'inscrire résolument dans une perspective de formation de sujets autonomes, l'engagement social et communautaire renouerait avec une éthique de la charité fondée essentiellement sur «l'amour du pauvre» lequel, cessant d'être la victime d'un système injuste, retrouve son ancienne normalité et redevient l'objet de notre compassion et de notre sollicitude. Le pauvre est ici conçu comme une indispensable matière à bonne conscience. Il est le produit d'une fatalité dont il ne peut s'exclure parce qu'elle est ou la volonté de Dieu, ou celle des forces du marché. Le pauvre-objet permet aux bonnes âmes esseulées de tromper leur solitude par la fréquentation d'une misère qui ne prend de sens que dans le soulagement de leur douloureux ennui. Le pauvre-objet est l'antithèse de l'individu-sujet qui peut défier le sort et surtout ceux qui le lui font subir.

Or il semble bien qu'une fraction non négligeable et fort visible des organismes communautaires ait déjà renoué avec cette forme d'engagement où le soulagement de la misère s'accompagne mal d'une dénonciation de ses causes. Certaines banques alimentaires, les comptoirs de vêtements et de meubles d'occasion, les incontournables associations spécialisées dans la distribution de paniers de Noël, certaines versions modernes des soupes populaires appartiennent à cette nouvelle génération d'organismes dont le statut est lié à leur capacité de susciter ponctuellement — Noël est à cet égard une période faste — l'apitoiement de tous les pharisiens de la nation.

Peut-on faire l'économie de la dénonciation de l'iniquité sociale et des injustices structurelles qui provoquent et entretiennent la pauvreté, tout en continuant de prétendre aimer les pauvres et désirer leur bien? Peut-on, comme semblent le croire ceux qui s'alimentent indistinctement à tous les rateliers, admettre qu'un «opportunisme de bon aloi» favorise une augmentation des ressources pécuniaires des organismes communautaires, sans pour autant entraîner un «ratatinement» de la conscience? Sommes-nous entrés, consentants et résignés, dans l'ère de la commercialisation des problèmes sociaux et de la mise en marché de pratiques qui devraient être l'expression de la solidarité communautaire?

L'industrie de la misère humaine

L'idée est provocante, mais elle ne l'est pas plus que ce qui lui a donné naissance. Je l'articule autour de cinq éléments:

1. La misère humaine peut être objet d'activités commerciales;
2. La misère humaine peut être gérée selon les lois du marché;

3. La misère humaine est source de développement et d'enrichissement d'un nombre croissant d'entreprises et de personnes;
4. La misère humaine est créatrice d'emplois;
5. La misère humaine est une matière première renouvelable.

J'entends par misère humaine la situation de tout individu qui, en raison de l'exploitation et de l'oppression dont il est la victime, se voit aliéné, relégué à un degré socialement inférieur d'humanité. Avoir faim, être battu, ne pas pouvoir s'instruire ou se faire soigner, être mal logé, perdre son emploi et être l'objet de la froide compassion programmée des fonctionnaires, vivre dans la solitude des exclus, être déraciné de son milieu naturel et errer sur les routes du monde sans savoir ce qui nous attend au détour du chemin, voilà quelques-unes des diverses manifestations de la misère humaine.

Selon cette définition, la misère humaine peut être d'ordre économique, social, affectif, psychologique, culturel ou sanitaire. Elle est souvent constituée de plusieurs de ces facteurs, celui qui est déterminant entraînant l'apparition des autres. Ainsi, une personne souffrant d'une maladie mentale peut être condamnée à vivre dans la plus extrême solitude, être polytoxicomane et atteinte de maladies transmises sexuellement. Cette personne sera économiquement démunie, généralement mal nourrie et fera face à une absence totale d'affection.

La misère humaine est multiforme et ses différents aspects ne peuvent être comparés. Pas plus que l'on ne peut comparer, comme l'avance Pascal Bruckner dans *La tentation de l'innocence*, la misère des riches et celle des pauvres; cela est valable autant pour les individus que pour les collectivités.

La misère humaine engendre souvent le rejet de ceux qui en sont affectés, voire même la négation de leur humanité. Jusqu'à tout récemment, les lépreux se voyaient relégués à l'isolement de la léproserie et la référence à cette maladie évoquait immanquablement la fuite devant l'horreur. Inversement, œuvrer auprès des lépreux était l'expression d'un degré supérieur d'humanité, un pas décisif vers la sainteté. Aujourd'hui, le sida joue sensiblement le même rôle: cette maladie est la lèpre des temps modernes.

En cette fin de millénaire, la misère humaine est en bonne voie d'être gérée selon les principes mêmes du libéralisme économique. On voit apparaître un marché de la misère humaine dans lequel les organismes sont en compétition pour obtenir la meilleure part des ressources pécuniaires disponibles. Cette tendance ne peut qu'inquiéter ceux pour qui l'engagement social et communautaire ne se justifie que par le désir de donner du sens au concept d'humanité et par la volonté de progresser dans ce périlleux parcours au cours duquel on apprend à être humain.

Avec l'apparition de l'économie de marché et de la société de consommation de masse, l'être humain s'est objectivé. Il s'est transformé en client et ses misères sont devenues prétexte à commerce. L'avènement de la société informationnelle, les percées majeures de la science, notamment dans le secteur de la biogénétique et des techniques médicales, ainsi que l'affaiblissement du rôle de l'État accentuent ce phénomène.

Depuis l'industrialisation, les milieux cléricaux se sont trouvés peu à peu dépossédés du monopole qu'ils exerçaient sur la prestation des soins et des services dans les secteurs de la santé et des services sociaux, au profit d'une multitude de professionnels qui ont vite compris qu'on peut fixer un prix au soulagement de la douleur et de la misère humaine. La résolution des problèmes humains peut tout à fait s'inscrire dans la logique des rapports marchands. Celui qui contrôle la science, la panacée ou la ressource fixe ses conditions. Cela explique l'enrichissement exponentiel des entreprises pharmaceutiques et les privilèges de la médecine. Ainsi, le bénéfice des compagnies pharmaceutiques pour la seule production de médicaments contre le sida atteint plusieurs millions de dollars. Cela explique aussi la judiciarisation de la vie sociale et le bonheur des avocats. Cela explique enfin la naissance d'une pléthore de professions ayant pour matières premières le mal de vivre, la maladie, la désagrégation sociale et le conflit.

La consommation débridée comme corollaire obligé de l'idéologie libérale fondée sur l'anarchie des forces du marché a fait basculer un large pan de notre éthique collective. Mais ne voulions-nous pas changer les choses? Ne pensions-nous pas que le critère de l'égale humanité valait que l'on entretienne la flamme du changement? Changer la vie, changer le monde n'ont-ils été qu'une poussée d'acné morale propre à l'innocence de nos vertes années?

L'industrie postmoderne de la misère humaine s'est formée à partir du moment où l'on a accepté d'introduire le modèle clientéliste dans le rapport entre la personne qui souffre et celle qui propose une solution à sa souffrance. Et ce qui est vrai pour l'individu l'est aussi pour les peuples. Les sociétés pauvres vivent leur relation avec les sociétés riches autant sous l'angle de la charité que sous celui du rapport marchand. L'industrialisation de la misère humaine est profondément «révolutionnaire» en ce qu'elle nous invite à concevoir notre humanité non pas à partir d'un idéal désiré, d'un *work in progress*, mais à partir de notre capacité réelle de nous payer de l'humanité. À l'échelle planétaire, le Rwanda et le Sahel ne peuvent s'expliquer autrement. Paie ou crève! À l'échelle nationale, c'est la volonté manifeste de réduire les déficits budgétaires des États sur le dos des plus pauvres qui illustre cette réalité.

Il devient de plus en plus évident que des milliers de personnes gagnent aujourd'hui leur vie grâce à la souffrance, l'oppression, les difficultés des autres. Certaines activités professionnelles très contrôlées par ceux qui s'y adonnent, comme la médecine, procurent des revenus fort substantiels aux professionnels, bien sûr, mais aussi à l'industrie pharmaceutique, à une énorme bureaucratie, aux chercheurs, etc.

Au congrès de l'Association canadienne-française pour l'avancement des sciences (ACFAS) tenu en 1995, les sociologues Marc Renaud et Louise Bouchard ont affirmé que «les soins de santé constituent aujour-d'hui la plus grosse industrie des pays développés[1]». Au Canada, elle monopolise plus de 9 % de la richesse et occupe 10 % de la main-d'œuvre. Cette industrie est devenue un système tellement vaste et complexe qu'elle semble tout entière prise par ses problèmes de financement et de gestion. En réalité, ceux-ci ne sont que la pointe de l'iceberg. Le problème de fond, c'est celui de la finalité du système de soins.

Peut-on affirmer que la même situation n'existe pas dans le domaine social? Quand on constate les chiffres brandis par les spécialistes de la recherche subvention-née, qui traduisent en milliards de dollars la contribu-

tion économique des organismes communautaires, on
est en droit de poser la question. D'autant plus que les
apôtres de l'économie sociale formulent l'hypothèse
que les activités des organismes communautaires sont
susceptibles de contribuer de façon significative à la
résorption de la crise des finances publiques et de celle
du chômage. À cet égard, il me semble pertinent de
citer les propos tenus en 1984 par Brian Mulroney, qui
fut premier ministre du Canada et grand ami de Ronald
Reagan et de Margaret Thatcher, avec qui il partage
une certaine vision du monde:

> Une des principales priorités de mon gouvernement
> sera la révision complète des programmes sociaux afin
> d'économiser autant que possible. Une façon d'attein-
> dre cet objectif consiste à encourager le secteur du
> bénévolat à participer davantage à la réalisation de
> nos programmes sociaux. [...] Le secteur du bénévolat
> au Canada représente une ressource inutilisée qui peut
> réduire les dépenses du gouvernement, mais peut aussi
> créer des emplois en même temps. [...] Le bénévolat
> représente aujourd'hui la méthode la plus rentable de
> fonctionnement du Canada[2].

Dix ans plus tard, tandis que les plus riches familles
canadiennes transfèrent leur fortune aux États-Unis
pour éviter les charges fiscales, un gouvernement fédéral
libéral, celui de Jean Chrétien, sabre allègrement dans le
budget de la sécurité sociale, réduisant radicalement
l'accès à l'assurance-chômage, à l'aide sociale et aux
prestations versées aux personnes âgées. Le résultat de
l'opération se chiffre effectivement en milliards.

Ne croyons-nous pas aussi entendre les propos de
Lucien Bouchard qui, douze ans plus tard, fait d'une

certaine conception de l'économie sociale un des grands moyens dont nous disposons pour résoudre, du moins en partie, la crise des finances publiques et celle du chômage? À cette différence près qu'en 1984 Mulroney fut vertement dénoncé par les ténors de l'action sociale, alors qu'en 1996 les mêmes personnes acceptent «le beau risque» de la pensée bouchardienne.

En réduisant sa taille, l'État fait certes des heureux à Wall Street, mais cette cure d'amaigrissement se traduit aussi par de fortes pressions sur les organismes communautaires afin que ceux-ci prennent la relève des services qui ne seront plus rendus ou qui deviennent moins accessibles. Les organismes communautaires qui offrent des services directs à la population avaient déjà constaté que la désinstitutionnalisation entraîne une augmentation de leur achalandage. Ceux qui exercent des activités dites de maintien à domicile appréhendent à juste titre les effets du «virage ambulatoire».

Bref, le désengagement de l'État taxe lourdement l'action bénévole et conduit à une augmentation de la responsabilité des organismes communautaires. De plus, il ouvre la porte au développement d'un marché des problématiques sociales, permettant ainsi à une foule de spécialistes de s'y engouffrer.

On assiste à une prolifération de pratiques spécialisées bien rémunérées dont la croissance témoigne de l'industrialisation de la misère humaine. Il n'est en effet qu'à voir la multiplication des spécialités en travail social pour le comprendre. Ainsi, des travailleurs sociaux œuvrent en maintien à domicile, en «développement de l'employabilité» auprès des jeunes, des femmes, des retraités, des personnes affectées de troubles mentaux. Ils interviennent auprès de «clientèles» de plus en plus ciblées: personnes atteintes du sida, toxicomanes, prostitués, itinérants, délinquants, décrocheurs, victimes d'agressions sexuelles, immigrants, etc. Des formations universitaires spécialisées leur sont offertes, et des approches spécifiques sont mises au point en fonction de groupes sociaux particuliers (approche féministe) ou d'idéologies particulières (approche structurelle). Ils s'occupent de problématiques précises: violence envers les femmes et sa source, les «hommes violents», violence également envers les enfants et les personnes très âgées, santé mentale, santé des femmes, «placement», protection des consommateurs, etc. Tout un volet de l'activité des étudiants en travail social porte sur l'économie communautaire qui est devenue au cours des dernières années, faut-il s'en surprendre, la nouvelle frontière de l'engagement social et communautaire.

Dans les faits, l'univers du communautaire s'est fragmenté, s'est spécialisé. Tout se passe comme si de nouveaux produits étaient offerts à des «clientèles» qui, on s'en convainc et on finira bien par en convaincre un ministre, nécessitent une attention particulière. Cette dynamique est tout à fait conforme à l'esprit d'une société de consommation fondée sur les besoins de groupes de plus en plus fragmentés.

Émergence et consolidation d'une idéologie du service

L'engagement social et communautaire s'est toujours articulé autour des trois pôles que j'ai déjà énoncés: la prestation de services, l'éducation populaire et la revendication sociopolitique.

Bien que la dimension revendicative décline progressivement, et de façon un peu plus accélérée depuis l'intégration d'importants réseaux communautaires à la logique du développement entrepreneurial de l'État libéral, et bien que l'éducation populaire, vue comme entreprise de formation d'un sujet politique, connaisse quelques ratées, l'activité de services, elle, prend une place de plus en plus considérable dans la pratique communautaire. C'est du moins ce que laisse entendre le Mouvement d'éducation populaire et d'action communautaire du Québec quand, parlant des nouveaux critères de financement des organismes communautaires actifs dans les secteurs de la santé et des services sociaux, il déclare:

> [...] le financement de plus en plus conditionnel à notre participation, attribué par programmes ou en fonction de «populations ou clientèles à risque» n'intervient-il pas sur notre autonomie, sur notre approche globale et sur nos objectifs de base, influençant ainsi nos prises de décisions? N'avons-nous pas tendance à adapter notre discours, notre langage, à concéder ou à taire nos analyses, nos revendications en fonction des priorités imposées par la conjoncture du moment? Ne risque-t-on pas de devenir des sous-traitants des institutions, au détriment de notre projet de société initial? Ce qui nous confinerait à gérer la pauvreté plutôt que de travailler largement avec la population à carrément l'éliminer[3].

Je ne peux qu'adhérer à ces propos qui rejoignent les préoccupations de plusieurs autres analystes progressistes, pour qui l'engagement social et communautaire se dénature complètement quand il participe à cette dangereuse entreprise de partition sociale, tout à fait contraire aux finalités de l'action constituante de sujets autonomes.

L'idéologie du service est le corollaire obligé d'une vision libérale de l'engagement social et communautaire. Elle propose une vision gestionnaire des problématiques sociales en fonction de laquelle ces problématiques ne sont pas inhérentes à la nature et à la structure mêmes du système, mais incidentes à sa mauvaise gestion. Dans cette perspective, le service que l'on rend à la personne qui a été «exclue» du système devrait lui permettre sinon de progresser sur la voie de sa «réinsertion», du moins de faire du surplace en attendant que, justement, le système se replace, retrouve sa cohérence. Il s'agit là d'un prolongement de l'idéologie postmoderne de la «fin de l'histoire».

L'idéologie du service valorise une conception de l'engagement social et communautaire selon laquelle les personnes s'engagent pour répondre essentiellement et de façon naturelle à l'exigence d'une éthique de la responsabilité communautaire conçue dans l'absolu, comme un devoir moral collectif, ce que l'on pourrait qualifier de «communautarisme». Ainsi, on affirme que le local est le lieu par excellence de la résolution des problèmes. On redécouvre les vertus de l'entraide familiale et on érige plus ou moins subtilement cette vertu en obligation. Les intervenants sociaux sont invités à créer ce climat de «prise en charge» des individus et des collectivités par eux-mêmes. Les organismes communautaires deviennent des «aidants naturels» au même titre que les voisins et les membres d'une même famille.

Tout cela est porteur d'une perversion éthique majeure. Comment, par quel tour de passe-passe, peut-on ériger en dogme technocratique une responsabilité et une solidarité qui ne peuvent faire l'économie d'un consentement libre et éclairé de la conscience?

En établissant sa grille normative essentiellement en fonction de la prestation de services, l'État sait ce qu'il fait. D'une part, il oblige les organismes communautaires à se recentrer en toute priorité sur cette dimension de leurs activités. Recentrage aussi en ce qui concerne les priorités d'action: l'État ne finance pas n'importe quoi mais des activités qu'il juge prioritaires. Recentrage enfin sur un modèle de développement social déterminé par les impératifs sociopolitiques et socioéconomiques de l'État néolibéral, notamment ceux qui sont liés à la planification sociale, à la décentralisation administrative et à la réorientation de la providence étatique en direction des entrepreneurs qui affrontent la concurrence mondiale.

D'autre part, l'État pousse les organismes à s'inscrire dans une logique de marché qui favorise les plus performants. Cette logique, susceptible de mener à l'effondrement de la solidarité, n'a pas pris de temps à s'affirmer. Par exemple, certains organismes nationaux, dont l'existence devrait en principe n'être légitimée que par leur base, tendent à inverser la proposition démocratique fondatrice. Ainsi, ces organismes nationaux interviendront dans les affaires courantes des organismes locaux, leur imposant des façons de faire compatibles avec leur nouvelle vocation institutionnelle et des façons de penser conciliables avec celle de la «direction nationale». Dans ce cas, les fédérations et les associations nationales sont détournées de leur mission originelle pour remplir un rôle en accord avec le mode libéral de gestion qui présuppose une hiérarchisation des pouvoirs, le sommet étant évidemment le siège du pouvoir.

L'alignement des pratiques communautaires sur les priorités étatiques et l'adhésion à l'idéologie du service qui en découle peuvent avoir des effets pervers: le désengagement rapide des personnes les plus militantes, le renforcement du pouvoir des permanences et l'émergence d'une élite sociocommunautaire adoptant le modèle culturel dominant.

Au cours des dernières années, mes étudiants ont effectué de nombreuses études sur les organismes communautaires où ils sont actifs à titre volontaire ou salarié. J'ai moi-même observé le développement de certains organismes communautaires auxquels j'ai été associé de près ou de loin. Dans un très grand nombre de cas, tant mes étudiants que moi-même avons constaté le retrait graduel des militants actifs sur une base volontaire et le renforcement des permanences. J'ai aussi constaté que, dans tous les cas, on ne recherchait plus l'adhésion de nouveaux militants, mais le soutien ponctuel de bénévoles. On compense l'érosion du militantisme par l'engagement de personnes admissibles à des programmes dits, dans le jargon des fonctionnaires, de «développement de l'employabilité». Selon les statistiques du ministère de la Sécurité du revenu, l'ensemble des organismes communautaires québécois employait 9030 participants au programme PAIE en 1990-1991; en 1994-1995, ce nombre était passé à 27 299. Une telle augmentation est fort significative. D'ailleurs, la participation à ces programmes est en voie de devenir une norme impérative d'embauche, comme le révèle un examen des offres d'emplois parues dans l'hebdomadaire *Voir* au cours de l'année 1995, et comme l'avouent elles-mêmes les personnes employées par les organismes communautaires.

De plus, nombre d'organismes communautaires ne s'inscrivent plus dans une dynamique autonome d'action, mais dans une dynamique de partenariat avec les milieux institutionnels. Par exemple, on assumera la gestion d'une activité de service en sous-traitance avec le CLSC local.

L'idéologie du service transforme les pratiques communautaires et réduit la portée de l'engagement social et communautaire qui les a engendrées. Elle rend vulnérables les organismes communautaires autonomes en les faisant dépendre des bontés d'agents extérieurs plutôt que de la solidarité des membres. Elle peut aussi conduire à des comportements qui relèvent d'une éthique étrangère à l'engagement social et communautaire.

Ainsi, au référendum d'octobre 1995 sur la souveraineté du Québec, des personnes à l'emploi d'organismes communautaires, pourtant connues comme indépendantistes, ont refusé de se prononcer en faveur de la souveraineté du Québec, de crainte que leur organisme ne perde les subventions accordées par le gouvernement fédéral. Certains groupes ont eu le «courage» d'invoquer cet argument au cours des audiences des commissions régionales sur l'avenir du Québec. D'autres ont préféré éviter de faire des vagues.

Cela montre la vulnérabilité des groupes qui ont glissé d'une pratique libératrice à une pratique de services. Cela montre que l'idéologie du service conduit à transformer des groupes communautaires dits «autonomes» en organismes frileux et soumis au chantage réel ou appréhendé de l'État bailleur de fonds.

La misère humaine est génératrice d'emplois

Quelqu'un a écrit qu'à chaque tranche de 20 travailleurs sans emploi, il se crée un poste dans l'administration de la sécurité sociale.

La plupart des individus veulent «une job». Rien de plus légitime. Or en s'institutionnalisant, en considérant la prestation de leurs services comme une fin en soi plutôt que comme un moyen de mobilisation, un nombre croissant d'organismes communautaires génèrent des possibilités d'emplois relativement intéressantes dans un contexte de chômage très élevé. Ils deviennent donc une cible comme une autre pour les personnes sans travail, notamment les jeunes diplômés, d'autant plus que les organismes communautaires, en s'institutionnalisant, adoptent les critères de professionnalisme des établissements publics et requièrent donc de leurs employés une formation sanctionnée par un diplôme.

La transformation d'une partie importante des organismes communautaires en lieux de prestation de services professionnels entraîne deux effets particuliers: une modification des contraintes éthiques touchant l'engagement des personnes et une régression certaine de l'idée qu'on peut atténuer substantiellement, sinon éradiquer les différentes formes de misère humaine.

Par exemple, tout se passe comme si la meilleure façon de lutter contre la violence conjugale était la multiplication des ressources d'accueil pour les femmes et les enfants qui en sont les victimes. De la même manière, la violence masculine est de plus en plus perçue comme une «maladie» que des ressources professionnelles formées à cet effet peuvent traiter.

Aux jeunes, on n'offre que la multiplication de ressources d'appoint censées atténuer l'effet de ce problème social majeur qu'est l'accentuation du clivage entre les générations dans un contexte caractérisé par la rareté de l'emploi, l'égoïsme des *baby-boomers* et un horizon bloqué. Pis encore: l'État contraint les jeunes, par voie de réglementation, à une infantilisation prolongée. Cela se traduit par l'établissement de normes particulières d'accès aux services sociaux et à la sécurité du revenu pour des personnes pourtant majeures. Ainsi les jeunes prestataires de l'aide sociale ont été obligés, de façon tout à fait discriminatoire, de se présenter aux bureaux du ministère de la Sécurité du revenu pour toucher leurs chèques. Aux États-Unis, les jeunes mères célibataires se voient même retirer l'accès aux prestations dans certains États. La notion de «jeune» devient une norme discriminante. Cette infantilisation prolongée permettra à l'État de faire plus facilement valoir l'obligation parentale envers cette population que l'on prive de son statut de citoyen égal, pour des motifs qui n'ont rien de généreux. Une telle entreprise devrait être dénoncée plutôt que d'être encouragée par un discours idéologique et certaines pratiques sociales.

L'éthique de l'engagement social et communautaire se fonde sur une utopie: la possibilité, pour des sujets souverains, de faire reculer les causes de la déshumanisation. Tout en reconnaissant volontiers l'importance des organisations communautaires vouées à la prestation de services à la population, ne devrait-on pas tout mettre en œuvre pour que leurs activités ne soient plus nécessaires, ou en tout cas le moins possible? Le succès devrait se mesurer ici à la diminution du nombre d'organismes et de professionnels engagés pour pallier les conséquences de l'oppression, de l'exploitation et de l'aliénation des individus. Or les indicateurs utilisés pour mesurer la qualité de cet engagement dans une société comme la nôtre sont de plus en plus quantitatifs. Ainsi, la lutte contre l'oppression des femmes progresse parce qu'il y a plus de centres de femmes, plus de maisons d'hébergement, plus de professionnels et d'approches spécialisées. On remarque un phénomène semblable en ce qui concerne la défense des droits ou encore la protection de l'environnement. La multiplication des organismes communautaires de développement économique est-elle un indice de la démocratisation de notre mode de production des biens et des services ou plutôt l'indication d'une accentuation de la misère économique des individus: chômage, exclusion, déclassement professionnel? De la même manière, on ne peut affirmer que la multiplication des banques alimentaires, des soupes populaires, des comptoirs de vêtements et de meubles d'occasion soit une preuve de succès dans notre lutte contre la pauvreté.

Les groupes eux-mêmes évaluent bien souvent leur importance sociale au nombre d'employés qu'ils embauchent et au nombre de «clients» qu'ils accueillent. N'est-ce pas là un type d'argument qui nous renvoie aux diktats de la rationalité bureaucratique? J'affirme pour ma part que ce genre de critères d'évaluation est étranger à l'éthique qui sous-tend l'engagement social et communautaire. Si cet engagement n'est qu'un vecteur qui conduit à la progression du nombre d'individus vivant de la misère humaine, il mérite alors d'être remis en question, car il nous mène vers d'insoutenables aberrations.

Comme individus et comme collectivité, nous sommes aujourd'hui économiquement plus pauvres qu'hier. Pour nous en convaincre, il suffit d'examiner les statistiques sur les personnes dépendant de la sécurité du revenu: leur nombre augmente constamment alors que la crise des finances publiques force l'État à réduire leurs prestations.

La violence est un phénomène en pleine croissance. La toxicomanie constitue un problème social infiniment plus grave qu'il ne l'était à l'époque hippie: un nombre trop grand de jeunes consomment aujourd'hui des drogues dures comme l'héroïne, la cocaïne et le crack. L'itinérance et la clochardisation ont fait un bond spectaculaire, aidées en cela par des politiques de désinstitutionnalisation bâclées. Le nombre de prestataires de l'aide sociale est en progression constante comme, d'ailleurs, celui des chômeurs. Notion pourtant relativement jeune, la sécurité d'emploi n'a plus cours, et l'insécurité économique qui découle des conditions précaires de travail a des conséquences néfastes, notamment au chapitre de la santé. On découvre l'importance de problématiques, comme l'inceste et les abus sexuels à l'endroit des enfants, que l'on taisait hier ou dont on ne parlait que du bout des lèvres.

Dans un autre ordre d'idée, le virage ambulatoire indique non pas une soudaine révélation de l'inefficacité des milieux hospitaliers, mais plutôt ce fait incontournable que nous sommes plus pauvres qu'avant, que nous vivons largement au-dessus de nos moyens et qu'il est urgent de sonner la fin de la récréation pour les professionnels et les technocrates qui ont largement profité à ce jour du lucratif marché de la santé.

Bref, l'état de la situation est extrêmement préoccupant. Il devrait commander une intensification de l'engagement social en vue d'une contestation élargie et plus vive encore des mécanismes sociaux qui engendrent, aggravent et entretiennent la misère humaine. La révolte et l'engagement social qui en découle étaient-ils des réponses appropriées hier mais beaucoup moins aujourd'hui?

On ne peut régler les graves problèmes sociaux actuels que par la création d'emplois susceptibles d'en amoindrir les répercussions. Ce serait une tragédie que de voir les organismes de la société civile, notamment les groupes communautaires autonomes, se plier à une telle entreprise de création d'emplois et y entraîner, malgré elles, des personnes qui s'engagent généreusement dans l'espoir de changer les choses.

La plupart des observateurs notent que les milieux communautaires sont devenus, au fil des ans, des points de chute privilégiés pour un éventail de programmes «de développement de l'employabilité» qui ne sont, dans les faits, que d'inavouables leurres. Dans un contexte de rareté de l'emploi et de répression des prestataires de l'assurance-chômage et de l'aide sociale, un nombre considérable d'individus sont ainsi exploités tant par l'entreprise privée que par les milieux communautaires.

Pour le secteur privé, cette main-d'œuvre subventionnée offre la possibilité de réaliser d'importantes économies. Pour les milieux communautaires, ce soutien est empoisonné dans la mesure où il vient modifier la dynamique de plusieurs organismes; il encourage en effet leur transformation en entreprise fournissant des emplois très précaires et souvent peu gratifiants à des personnes qui tireraient un plus grand profit à être inscrites dans des programmes de formation professionnelle. En outre, il contribue à la consolidation d'un ghetto d'emplois précaires, mal rémunérés et essentiellement occupés par des femmes. Au cours du colloque du Mouvement d'éducation populaire et d'action communautaire du Québec tenu à Cap-Rouge à la fin d'octobre 1995, quelque 200 participants venant de toutes les régions du Québec ont reconnu le caractère problématique de cette situation et ont fait part de leur inquiétude.

L'engagement social est d'abord un acte gratuit. Il est régi par une éthique de la responsabilité et de la solidarité fondée sur la conscience que notre propre humanité est réductible à celle de l'autre. Il ne peut se concevoir à l'intérieur d'une logique de création artificielle d'emplois. C'est sans doute ce qui incitait une trentaine d'organismes communautaires regroupés dans la Corporation de développement communautaire de Brome-Missisquoi à prévenir le ministre canadien du Développement des ressources humaines que:

> Certaines idées véhiculées dans le projet de réforme de la sécurité sociale laissent entrevoir la possibilité que les organismes communautaires soient conscrits dans des stratégies de développement de l'employabilité des personnes et invités à agir comme mécanisme d'insertion des individus sans emploi. Cette volonté gouvernementale est inopportune et ne respecte pas la nature des organismes communautaires[4].

La pénétration de cette logique — et cela n'a rien à voir avec les individus et leur désir légitime d'être rémunérés —, vient pervertir la base même de l'engagement social et communautaire. Cela ne concerne

en rien une quelconque rectitude idéologique, mais
repose tout simplement sur la recherche d'une
cohérence éthique. Il serait donc tout à fait ridicule de
tenir rigueur aux organismes communautaires de
chercher à mettre en place des ressources permettant le
maintien d'une nécessaire permanence.

Il importe en fait de bien tracer la frontière du
nécessaire. Cela m'apparaît d'autant plus opportun que
les milieux communautaires devraient d'abord et avant
tout tenter d'élargir la base de leurs adhérents plutôt
que celle de leurs employés. Gérer la pauvreté et ses
conséquences ne relève pas de l'éthique de l'engagement social et communautaire. À moins, bien sûr, d'en
élargir la portée pour carrément l'inscrire dans la
dynamique socioéconomique à deux vitesses et à plusieurs paliers qui se construit sous nos yeux. Certains
semblent prêts à franchir ce pas. Pas moi.

Le refus de s'inscrire dans la logique de l'industrie
de la misère humaine n'est pas sans conséquence. Elle
oblige les intervenants sociaux à redécouvrir ce qui
fonde leur action. Elle force la réévaluation des pratiques. Elle invite à refuser ce qu'on a parfois eu le
réflexe d'accepter. Elle oblige à recentrer l'action sur
les personnes dont l'engagement est un choix de sujet.
Cela signifie que l'effort portera plus sur le recrutement
des membres que sur la mise en œuvre de stratégies plus
ou moins tordues favorisant l'accès aux programmes de
subventions fondés sur les priorités étatiques.

Ce refus, ce renoncement, est la condition préalable
à une tâche essentielle, celle d'une transformation permanente de notre société en fonction d'une élévation
systématique et continue de la qualité de notre humanité.

L'engagement social, les ressources qu'il fait naître, le type de rapports humains qu'il préconise devraient être l'expression de notre désir de cohérence éthique. Plutôt que de nous dépenser dans des entreprises qui ne sont pas les nôtres, pourquoi ne serions-nous pas, tout simplement et sans prétention, rien de moins que la conscience de cette société?

Conclusion

Cet ouvrage se veut, malgré son caractère parfois polémique et provocateur, un exercice de solidarité active. En l'écrivant, j'ai souhaité contribuer modestement au débat parfois douloureux qui anime les milieux de l'engagement social, notamment les organismes communautaires, et qui porte sur le sens de l'engagement. Je n'ai pas la prétention d'avoir fait le tour de la question, loin de là.

Ma réflexion se voulait au départ essentiellement centrée sur les conditions d'une certaine cohérence éthique entre les pratiques et les valeurs qui ont fondé l'engagement social d'individus appartenant à trois générations de Québécois.

J'ai la plus vive admiration pour les personnes qui acceptent consciemment de s'engager socialement. Elles sont des bâtisseurs de société et donnent du sens à cette idée pour moi évidente que *toute notre humanité est proportionnelle à celle que nous reconnaissons à l'autre*. Cette certitude revêt à mes yeux valeur de leitmotiv éthique et constitue ce qui fonde mon propre rapport au monde.

Cet ouvrage porte surtout sur les formes d'engagement qui sont à la source des réseaux de ressources communautaires dits «autonomes» existant aujourd'hui. Il tente de cerner divers aspects d'une dérive de sens qui m'apparaît de plus en plus lourde de conséquences.

Il ne s'agit pas pour moi, même si parfois je peux en laisser l'impression, de porter un jugement moral sur l'utilité de telle ou telle forme de pratique. J'ai dit et je réaffirme que l'action des personnes, où qu'elles interviennent et agissent, la plupart du temps bénévolement, mérite toute notre reconnaissance. Une société où il fait bon vivre est constituée de ces personnes qui accompagnent les jeunes à la patinoire ou au parc, qui consacrent un nombre incalculable d'heures à l'administration des loisirs communautaires comme dans les bibliothèques publiques et les centres récréatifs.

J'apprécie aussi, comme tout le monde, le travail bénévole accompli par ceux qui s'engagent dans des organismes philanthropiques ou caritatifs. Je peux néanmoins porter un jugement critique sur ces formes d'engagement, estimant qu'elles abritent beaucoup de pharisianisme et contribuent à camoufler les causes de la misère humaine.

Pour avoir présidé le conseil d'administration d'un Centre d'action bénévole et avoir longtemps collaboré à la Fédération des centres d'action bénévole du Québec (FCABQ), je suis en mesure d'apprécier également le travail des personnes qui donnent un peu de leur temps pour alléger le fardeau de certains de leurs concitoyens. Cela ne m'empêche pas de constater les limites d'une action largement inspirée de l'idéologie caritative.

Enfin, je n'ai pas l'impression de manquer à mes devoirs de solidarité en jetant un regard critique sur des pratiques sociales que je connais bien puisque j'œuvre

dans ce milieu depuis près de trente ans, à titre de
bénévole ou de salarié. Dans le cadre de cet engagement, j'ai contribué à l'organisation de groupes communautaires dans les secteurs des droits sociaux, du
logement, du travail, de l'éducation populaire, de la
consommation et de la coopération.

J'ai tenté, dans cet ouvrage, d'exprimer cette conviction que l'engagement social ne peut faire l'économie d'un retour à ce qui le fonde et le justifie. Nous
devons à mon avis établir la distinction entre
1) l'éthique qui fonde l'action caritative, essentiellement axée sur l'aide à la personne reconnue comme
objet de compassion; 2) l'éthique de la gestion institutionnelle des problématiques sociales, marquée par le
souci d'efficience, d'efficacité et de rationalisation des
ressources; et 3) l'éthique de la responsabilité et de la
solidarité entre sujets qui fonde l'engagement social.

Reconnaître cette distinction n'est faire injure à
personne. Cependant, elle implique une préférence. Je
crois que l'engagement social des individus dans des
organismes qui s'attaquent aux causes des problèmes
sociaux est le meilleur vecteur de changements signifi-
catifs dans une société comme le Québec. Et c'est parce
que je crois cela qu'il m'importe de m'assurer qu'en
cours de route cette forme d'engagement reste fidèle à
ce qui lui a donné naissance. Voilà ce qui justifie ce
livre.

Notes

INTRODUCTION
La nécessité du sens

1. Hans Jonas, *Le principe responsabilité. Une éthique pour la civilisation technologique*, Paris, Cerf, 1990, p. 31.

CHAPITRE PREMIER
À propos de l'éthique

1. Henri Lamoureux, «L'intervention communautaire: des pratiques en quête de sens», *Nouvelles pratiques sociales*, Sainte-Foy, PUL, 1994, p. 34.
2. Georges Legault, «Code de déontologie et éthique professionnelle», *Éthica*, vol. III, n° 1, 1991, p. 9-44.
3. Conseil supérieur de l'éducation, *L'éducation sexuelle, recommandations au ministère de l'Éducation du Québec*, Montréal, CSE, 1981, p. 6.
4. Paul Ladrière, «De l'expérience éthique à une éthique de la discussion», *Cahiers internationaux de sociologie*, vol. LXXXVIII, 1990, p. 50.
5. Jean-Jacques Rousseau, *Du contrat social*, Paris, Éditions sociales, 1968, p. 209.
6. Edgar Morin, *Pour sortir du vingtième siècle*, Paris, Nathan, 1981, p. 67.
7. Karl Marx et Friedrich Engels, *L'idéologie allemande*, Paris, Éditions sociales, 1966, p. 35-37.
8. Marcel Deschoux, Jacques Cagey et Pierre Bigler, *Philosophie morale*, Paris, PUF, coll. «La conscience», 1974, p. 62.

CHAPITRE II
Les valeurs qui sous-tendent
l'engagement social et communautaire

1. János Kis, *L'égale dignité. Essai sur le fondement des droits de l'homme*, Paris, Seuil, 1989, avant-propos.
2. Nathalie Adams et autres, *Travail de recherche pour l'élaboration d'un code d'éthique*, Montréal, Regroupement des organismes communautaires d'assistance et d'accompagnement aux plaintes, 1995, p. 5-7.
3. Léon Dion, «Conflit, crise, violence», *Le Devoir*, 2 novembre 1980, p. B8.

CHAPITRE III
Les fondements éthiques
de l'engagement social au Québec

1. Monique Dumais, «Se donner naissance: une première ligne de force éthique contenue dans le discours féministe», *Les Cahiers éthicologiques de l'UQAR*, vol. X, 1985, p. 52.

CHAPITRE IV
Les lieux de l'engagement social
et communautaire au Québec

1. Cette typologie est présentée de façon fort intéressante par Philippe Van Parijs, dans «Au-delà de la solidarité, les fondements éthiques de l'État-Providence et de son dépassement», *Alternatives wallonnes*, vol. LXXXIV, 1994, p. 26-35.
2. Max Weber, *Le savant et le politique*, Paris, Union générale d'éditions, coll. «10/18», 1971, p. 142.
3. Greg Mac Leod, «Les corporations de développement économique communautaire», communication présentée au colloque tenu sous le thème de «L'autre économie», Montréal, UQAM, 1991, texte dactylographié. Lire aussi Jean-Marc Fontant, «Les corporations de développement économique communautaire: une des avenues du mouvement social dans l'économique», *Coopératives et développement*, 1994, p. 61-64.

4. Konrad Yababuski, 1. «La philanthropie créatrice d'emploi», 2. «Rêve ou cauchemar?», 3. «Entre Gingrich et Rocard», série d'articles sur l'économie sociale, *Le Devoir*, 29 mars, 2 et 3 avril 1996, p. A1 et A12.

CHAPITRE V

Considérations générales sur les diverses formes d'engagement

1. Marc Renaud et Louise Bouchard, «Expliquer l'inexpliqué: l'environnement social comme facteur de santé», *Interface*, Montréal, ACFAS, mars-avril 1995, p. 15-24.

2. Brian Mulroney, discours prononcé à un atelier sur la politique sociale du Parti conservateur, cité dans *Bulletin de l'Institut canadien d'éducation des adultes*, Montréal, vol. VI, n°s 4-5, Montréal, 1984.

3. Collectif, «Justice sociale, équité égalité: défis et enjeux pour le mouvement populaire», *Le journal du colloque*, Montréal, Mouvement d'éducation populaire et d'action communautaire du Québec (MEPACQ), 29 février 1996, p. 2.

4. Corporation de développement communautaire de Brome-Missisquoi, *Mémoire présenté au Comité permanent du développement des ressources humaines du Canada*, 19 décembre 1994, p. 27.

Bibliographie

ADAMS, Nathalie, et autres, *Travail de recherche pour l'élaboration d'un code d'éthique*, Montréal, Regroupement des organismes communautaires d'assistance et d'accompagnement aux plaintes, 1995, 16 p.

BENASAYAG, Miguel, *Utopie et liberté. Les droits de l'homme: une idéologie?*, Paris, La Découverte, 1986, 136 p.

BENASAYAG, Miguel, et Édith CHARLTON, *Cette douce certitude du pire. Pour une théorie critique de l'engagement*, Paris, La Découverte, 1991, 199 p.

BRUCKNER, Pascal, *La tentation de l'innocence*, Paris, Grasset et Fasquelle, 1995, 313 p.

COLLECTIF, «Contours et approches différentes de l'économie sociale» (numéro spécial entièrement consacré à l'économie sociale), *Traverses*, n° 107, mars 1996, 35 p.

DAIGLE, Gérard (dir.), *Le Québec en jeu*, Montréal, Presses de l'Université de Montréal, 1992, 810 p.

DESCHOUX, Marcel, Jacques CAGEY et Pierre BIGLER, *Philosophie morale*, Paris, PUF, coll. «La conscience», 1974, 234 p.

DION, Léon, «Conflit, crise, violence», *Le Devoir*, 2 novembre 1980, p. B8.

DUMAIS, Monique, «Se donner naissance: une première ligne de force éthique contenue dans le discours féministe», *Les Cahiers éthicologiques de l'UQAR*, vol. X, 1985, p. 29-60.

DUMONT, Fernand, *Raisons communes*, Montréal, Boréal, 1995, 255 p.

FORTIN, Pierre, «Éthique et déontologie», *Cahiers de recherche éthique 13*, Montréal, Fides, 1989, p. 65-83.

FORTIN, Pierre, *Guide de déontologie en milieu communautaire*, Sainte-Foy, PUL, 1995, 147 p.

FORTIN, Pierre, *La morale, l'éthique, l'éthicologie*, Sainte-Foy, Presses de l'Université du Québec, 1995, 138 p.

FUKUYAMA, Francis, *La fin de l'histoire et le dernier homme*, Paris, Flammarion, 1992, 452 p.

JONAS, Hans, *Le principe responsabilité. Une éthique pour la civilisation technologique*, Paris, Cerf, 1990, 336 p.

KIS, János, *L'égale dignité. Essai sur le fondement des droits de l'homme*, Paris, Seuil, 1989, 253 p.

LADRIÈRE, Paul, «De l'expérience éthique à une éthique de la discussion», *Cahiers internationaux de sociologie*, vol. LXXXVIII, 1990, p. 44-68.

LAMOUREUX, Henri, «L'autre économie», *Alternatives wallonnes*, vol. LXXXII, 1992, p. 10-12.

LAMOUREUX, Henri, «Éthique et action communautaire: de la cohérence à l'acte», *Virtualités*, vol. II, n°s 3-4, avril 1995, p. 35-37.

LEGAULT, Georges, «Code de déontologie et éthique professionnelle», *Éthica*, vol. VIII, n° 1, 1991, p. 9-14.

LIPIETZ, Alain, «Après-fordisme et démocratie», *Les temps modernes*, mars 1990, p. 97-121.

LIPOVETSKY, Gilles, *Le crépuscule du devoir*, Paris, Gallimard, 1992, 292 p.

MALHERBES, Jean-François, «Les fondements de l'éthique», *Éthica*, vol. II, n° 2, 1990, p. 9-34.

MARX, Karl, et Friedrich ENGELS, *L'idéologie allemande*, Paris, Éditions sociales, 1966, 167 p.

MERCIER, Clément (dir.), *Au cœur des changements sociaux: les communautés et leurs pouvoirs*, actes du IVe colloque du Regroupement québécois des intervenantes et intervenants en action communautaire (RQIIAC), Montréal, RQIIAC, 1995, 332 p.

MORIN, Edgar, *Pour sortir du vingtième siècle*, Paris, Nathan, 1981, 380 p.

NIETZSCHE, Friedrich, *La généalogie de la morale*, Paris, Gallimard, coll. «Idées», n° 113, 1972, 250 p.

ROBIN, Jacques, *Changer d'ère*, Paris, Seuil, 1989, 298 p.

ROUSSEAU, Jean-Jacques, *Du contrat social*, Paris, Éditions sociales, 1968, 213 p.

SCHNAPPER, Dominique, *La communauté des citoyens*, Paris, Gallimard, 1994, 228 p.

VAILLANCOURT, Yves, «Trois thèses concernant le renouvellement des pratiques sociales dans le secteur public», *Nouvelles pratiques sociales*, vol. VI, n° 1, 1993, p. 3-14.

VAN PARIJS, Philippe, «Au-delà de la solidarité, les fondements éthiques de l'État-Providence et de son dépassement», *Alternatives wallonnes*, vol. LXXXIV, 1994, p. 26-32.

VASTEL, Michel, «Haro sur le gouvernement des juges», entrevue avec Michael Mandel, *L'actualité*, 1er mars 1996, p. 14-16.

WEBER, Max, *Le savant et le politique*, Paris, Union générale d'éditions, coll. «10/18», 1971, p. 99-185.

Table

AUTRES TITRES PARUS
DANS CETTE COLLECTION

Daniel Baril, *Les Mensonges de l'école catholique. Les insolences d'un militant laïque*

Pierre Bourgault, *La Résistance. Écrits polémiques, tome 4*

Marc-François Bernier, *Les Planqués. Le journalisme victime des journalistes*

Bruno Bouchard, *Trente ans d'imposture. Le Parti libéral du Québec et le débat constitutionnel*

Claude G. Charron, *La Partition du Québec. De Lord Durham à Stéphane Dion*

Charles Danten, *Un vétérinaire en colère. Essai sur la condition animale*

Georges Dupuy, *Coupable d'être un homme. « Violence conjugale » et délire institutionnel*

Pierre Falardeau, *Les bœufs sont lents mais la terre est patiente*

Madeleine Gagnon, *Les Femmes et la guerre*

Carole Graveline, Jean Robert et Réjean Thomas, *Les Préjugés plus forts que la mort. Le sida au Québec*

Henri Lamoureux, *Le Citoyen responsable. L'éthique de l'engagement social*

Henri Lamoureux, *Les Dérives de la démocratie. Questions à la société civile québécoise*

Richard Langlois, *Requins. L'insoutenable voracité des banquiers*

Josée Legault, *Les Nouveaux Démons. Chroniques et analyses politiques*

Yves Michaud, *Paroles d'un homme libre. Chronique des années 1995-2000*

Rodolphe Morissette, *Les Juges, quand éclatent les mythes. Une radiographie de la crise*

André Néron, *Le Temps des hypocrites*

Jacques Parizeau, *Pour un Québec souverain*

Jacques Pelletier, *Les Habits neufs de la droite culturelle. Les néo-conservateurs et la nostalgie de la culture d'un ancien régime*

André Pratte, *Les Oiseaux de malheur*

Michel Sarra-Bourret (sous la direction de), *Le Pays de tous les Québécois. Diversité culturelle et souveraineté*

Serge Patrice Thibodeau, *La Disgrâce de l'humanité. Essai sur la torture*

Daniel Turp, *La Nation bâillonnée. Le plan B ou l'offensive d'Ottawa contre le Québec*

Pierre Vallières, *Le Devoir de résistance*